中医师承学堂
一所没有围墙的大学
同有三和书系

U0135491

青年中医成长访谈

同有三和　老才　著

全国百佳图书出版单位
中国中医药出版社
·北 京·

图书在版编目（CIP）数据

青年中医成长访谈 / 同有三和，老才著 . —北京：
中国中医药出版社，2023.2
（中医师承学堂）
ISBN 978-7-5132-7832-4

Ⅰ . ①青… Ⅱ . ①同… ②老… Ⅲ . ①中医师—访问
记—中国—现代 Ⅳ . ① K826.2

中国版本图书馆 CIP 数据核字（2022）第 181749 号

中国中医药出版社出版

北京经济技术开发区科创十三街 31 号院二区 8 号楼
邮政编码　100176
传真　010-64405721
河北省武强县画业有限责任公司印刷
各地新华书店经销

开本 710×1000　1/16　印张 11　字数 133 千字
2023 年 2 月第 1 版　2023 年 2 月第 1 次印刷
书号　ISBN 978 - 7 - 5132 - 7832 - 4

定价　45.00 元
网址　www.cptcm.com

服 务 热 线　010-64405510
购 书 热 线　010-89535836
维 权 打 假　010-64405753

微信服务号　zgzyycbs
微商城网址　https://kdt.im/LIdUGr
官 方 微 博　http://e.weibo.com/cptcm
天猫旗舰店网址　https://zgzyycbs.tmall.com

如有印装质量问题请与本社出版部联系（010-64405510）
版权专有　侵权必究

青年明医：回归经典中医思维

一部《名老中医之路》，点燃无数中医人的理想和热情。

我们追问：这些誉满天下的"名老中医"，在成为一号难求的明医之时，处于什么样的年龄段呢？

青年？中年？老年？

很让人意外的是：我们发现，其实大多数《名老中医之路》里的医家，成为一号难求的明医之时，都处于青年阶段或中年阶段。

反观如今诸多在公立医院乃至民营诊所（无医保），达到"一号难求"乃至"日诊百人"程度的三十五岁之前的青年明医，亦人才辈出，并不罕见。

纵观"青年明医"的成长与成才，我们发现：经典中医思维是他们最大的核心特色。

甚至，我们可以得出结论：培育经典中医思维，是培养青年明医的必由之路。

北京同有三和中医药发展基金会以传承中国文化及中医道统为己任，在开展人才发掘与培育的同时，致力于"青年中医成长"研究与践行，举办"青年中医成长论坛"，承办《青年中医成长访谈》课题，为青年中医的成长提供了宝贵的探索性研究。

世界中医药学会联合会青年中医培养工作委员会携手中国中医药出版社《中医师承学堂》编委会，不断对全国"青年中医成长"优秀课题进行学术观察并进行传播推荐。本书既是北京同有三和中医药发展基金会的独立课题，亦是世界中医药学会联合会青年中医培养工作委员会的阶段成果。

是为序。

世界中医药学会联合会青年中医培养工作委员会会长　张苍

2022 年 10 月于北京

　　青年强则中国强，同样，青年中医强则中医强。众所周知，学医，相比其他行业，成才慢，而且要终身学习与考试。学习中医，更加富有挑战。但是，无论内外部环境如何，学习中医、矢志岐黄者，一直连绵不绝。为什么貌似"老掉牙""缺乏创新""传统手工艺人"的中医，会对青年人始终有吸引力？是什么在推动青年中医不断成长？各自经验如何？共性何在？……

　　北京同有三和中医药发展基金会自2014年年底成立起，即以发掘和培养中医人才为志业之一，于2019年在深圳成功举办"首届青年中医成长论坛"，并将"记录、研究青年中医成长之路"作为后续关联工作内容。截至目前，工作团队已经调研、走访国内多位体制内外的青年中医代表性人物，做了较为细致的采访与跟踪报道，获得了一定的业内关注、共鸣与反响。

　　为满足更多读者阅读需求和做出阶段性总结，特遴选首批七位青年中医的深度报道文章，结集出版。期望得到已经在路上的中医同道们的反馈，也希望为关注、关心中医成长与成才的各界人士提供一个了解和观察的视角。

《名老中医之路》影响了几代中医人，我们衷心期待本书能成为"青年版的中医之路"，为助力青年中医顺利成长、推动中医人才更多涌现而略尽绵薄之力。

同有三和　老才

2022 年 10 月于南宁

目录

一、一个当代中医师承的贵州样本：
70 后王春与 90 后舒健平

我们只有勇于探索黑暗，才能发现无限的光明。

——《脆弱的力量》

在毕节，王春对我说："你大老远过来，可以看到有这样一些人，还有一些东西，很独特，是你想都想不到的。中医，它真正的血脉没有断，还有人在认认真真研究这个东西。"我承认，确实是不虚此行，大开眼界。

——题记

贵州掠影（老才提供）

引子：中医人要活成什么样子？我在贵州大山里发现一个新版本

众所周知，中医是几千年前老祖宗传下来的"打开中华文明宝库的钥匙"，党的十八大以来，中医药迎来史无前例的发展机遇。庚子岁首新冠疫情大爆发，国家大力推动中医药全面参与抗疫，中医药价值再次引发世人瞩目，中医人的社会影响空前提高。

粗算一下，我从做医学图书编辑起，跟中医人打交道已经12年了。东西南北中，深浅不同地约会、遭遇和接触老、中、青中医人后发现一个现象：嘴上大情怀和心里小苦逼者居多。理应"中正平和"的中医人，为什么实际生活状态是这样的？我一直在寻找答案，也期待遇到不同的鲜活版本。

在我偶然结识了贵阳青年中医舒健平后，通过他了解到，他远在毕节的"救命恩人"兼中医老师王春大夫，三十年来，一直在行医，曾经在毕节市最好的三甲医院工作，而且，至今免费培养出几十位"铁杆中医"。想不到，在贵州的大山里，竟然藏着这样一位传奇中医人及其自成一家的中医传承。直觉告诉我，要深入大西南腹地一探究竟。

1. "大夫建议我报考中医"，舒健平因病与王春结下师生缘

2021年5月中旬，我第一次听说"舒健平"三个字，是从远赴陕西榆林子洲县的基金会同事盛正朝口中，他是本次同有三和"黄帝内针公益行"活动六个义诊点领队之一。他说："这是一位很优秀的青年中医，90后，曾经在安徽基层做到日诊过百，现在贵阳干个体诊所……"寥寥数语，吸引和促使我跟当时正在子洲县学习的舒健平聊了一个小时。

舒健平，1991年生（身份证上是1992年），在贵州省毕节市农

村长大，父母都是农民，普通家庭，家里三个孩子，他是老幺，学习成绩很好，2008 年初升高他考进了市一中，高一上学期他意外生病——胸腔积液。由此，他颇具中医底色的人生之旅真正展开。

他先后住进三甲医院、吃西药、看当地名中医，一圈治疗下来，耗时一年多，效果并不理想，对于当时一个月生活费仅有 300 块钱的"穷学生"来说，他有时候一周吃药就要花掉 150 多块，舒健平不胜其苦，心情低落。

2009 年高二下学期，当舒健平的初中班主任得知他久治不愈后，带他走进了毕节的一个中医诊所。对医疗机构和大夫不再陌生的舒健平注意到，给自己看病的男大夫很年轻，不是所谓的老中医相貌，大概只有 40 岁。更让他感到少见的是，给他开的中药方上只有五六味药，每种药剂量只有几克而已，收费也少，一周的药钱只

收他 30 块。个子不高，身材不魁梧，额头很宽，眼睛很大的王春大夫还照顾他"是个农村学生"，每次都少收他 10 块。

用药两周后，舒健平感觉自己身体有变化了，平时每周都要"感冒"一次（后来他学医了才逐渐知道是住院期间吃了很多西药尤其是激素后导致的），现在拉长到两周一次了，经常疲乏无力的状态也改善了。他康复的信心起来了，经过半年治疗，病去人安乐，舒健平满血复活。

有一天，王春对他说："你读高二了，准备大学报考什么专业啊？""我

舒健平 3 岁留影（舒健平提供）

不知道，还没想好。""要不你读个中医吧，跟我混，将来可以保证你有个饭碗。"填报志愿，父母没有给他什么具体建议，鬼使神差般，舒健平填报的所有志愿都是中医方向，当时他还注意到天津中医药大学有一个中医传承班，是张伯礼校长亲自创办的。当收到天津中医药大学的录取通知书后，他开心地笑了，心想事成。

舒健平读大二时登泰山留影（舒健平提供）

2. 为中医，伤寒学专业硕士王春两次出走

王春，1971 年生人，生在毕节长在毕节，1992 年到省会贵阳读大学，当时读财经是热门，他报了一所省内高校的投资专业——热门中的热门，结果榜上无名，后来他被调剂到贵阳中医学院（现在更名为贵州中医药大学），读中医专业。

从小爱读书的王春，连自己都没想到，自从进入大学后他对知识的追求更加如饥似渴。他每周都去学校期刊阅览室，中医类期刊全部要看一遍。他读南怀瑾老师的书，广泛地接触中国文化。他很快掌握了易经卦象推演法，还练一些传统功法。涉及中医发展的东西，比如中医与系统论、控制论、信息论，还有一些自然科学的书，等等，他都去读。

王春也是同学眼中的活跃分子。他说："我字写得好，入学半年之后就担任班级的宣传委员，后来成为学校的大学生医学科学协会（简称科协）副理事长，因对传统功法感兴趣，在一些老师的支持下，专门在科协成立了全国高校第一家人体科学部，我任部长。当时我们有一帮人，平时交流很活跃，比如考虑如何把传统和现代结合起来。当时讨论的题目包括，中西医如何结合，如何发展中医，等等，讨论得热火朝天。我们那时候的探讨，放在今天来说，虽然过去20多年了，但是一点都不算过时。坦诚地说，现在看到很多市面上的东西，我不是很感兴趣，因为我们当时就有这样的认识高度。不谦虚地说，那时候，我的大学同学是听我讲中医的。"

他跟周围人说想做一个纯中医，很多人说他不会成功。有个大学老师告诉王春"你要准备坐十年冷板凳"。读到大三的时候，他开始感觉中医在传承方面有些问题，但是具体问题在哪儿当时没想清楚。他在书店买了一本《名老中医之路》，读了大概四十多位医者的故事。收获最大的就是认识到要研读经典，然后就报考了伤寒

王春读大三时在学校气功教研室练无极体式
（王春提供）

学专业的研究生。

1997 年他以全校唯一的应届生身份考上研究生，并当选为研究生会秘书长，2000 年硕士毕业后王春顺利留校工作。踌躇满志的他没想到，两道难题横在面前——第一，虽然自己读的是《伤寒论》研究生，但是不能去附属医院出门诊，自己的中医临床梦遥遥无期；第二，爱人刘琼（大学师妹）无法留校工作。

那是一个中医大学生普遍就业难的时期。思前想后，他"愤然"从大学辞职，应聘本地药企，后来远赴上海，做了一名医药营销管理人员。不过，他到哪都放不下自己的书和专业，一有机会就给人看病。

1997 年王春考上研究生后在学校新大楼前留影（王春提供）

几年下来，虽然繁华大城市的工作收入不菲，王春夫妇还是在 2005 年"逆流"回到了黔西北的家乡毕节，因为王春忘不了他的中医梦。

2021 年 6 月 16 日下午，舒健平、王春的另外两个学生和我一同坐高铁，从贵阳到达毕节。当见到王春夫妇后，我询问他们回毕节的具体原因，王春夫人刘琼说："大城市固然有不少优越性，我们之所以想回毕节，一方面，王春自己在上海工作，我带着年幼的儿子在昆山，尽管两个城市距离很近，王春因为平时很忙，经常一周难得回家一次；另一方面，我们希望尽量掌握自己的前途。"

1999 年王春与刘琼漫步贵阳花溪公园（王春提供）

回到毕节后，王春被"毕节市最好的医院"毕节市第一人民医院录用，他终于成为一名中医科大夫。没想到，有一天儿子突发咳嗽，咳得很厉害，王春翻遍家里的医书，发现自己竟然治不好，身心备受煎熬。虽然后来孩子的病总算好了，但是关键时刻中医到底能不能解决问题，让他陷入沉思，继续寻求答案。有一天，渴求中医治病真谛的他，在网络上看到当时尚健在的民间中医学者王正龙先生讲中医治疗 30 种大病，他被深深地吸引了，他开始关注王正龙的学术思想。

王春说："2006 年左右，我被单位安排下基层，自己从四季不同用药思路开始，逐步摸索起来。当时脉象还摸得粗糙，剂量也不太会把握。但是干中医的积极性非常高，一边干一边琢磨，慢慢地，我就摸到了一些门道。

毕节市第一人民医院（医院官网）

"2006 年 10 月 23 日，至今我都记得很清楚，当时我还在基层医院做帮扶工作，我跟该单位请假要去北京'见一个高人'。当时我的运气好，到北京后下午就见到了王正龙先生，并在曲黎敏老师的安排下，有幸现场观摩王老师课堂上临床案例带教和讲解《伤寒论》，之后我买了王老师的讲课光盘。他的元气理论深深影响了我。同时，我也通读了《郑钦安中医火神三书》等书，并在基层做了尝试。

"后来我想从学于王正龙先生，结果机缘不够，没有如愿，就决定继续自我探索。虽然王先生没有带过我一天，但是我很感谢他。2007 年我跟刘琼开门诊，一开始病人少，我们就从给人做针灸推拿按摩开始。当时我还在医院上班，是业余时间给人看病。"

自从认定了"元气亏损是发病的根本"之后，王春的探索之路一直走到今天。

3. 师生兑现"承诺"，舒健平学中医"幸运又幸福"

2016 年 6 月，舒健平大学毕业。从大一下学期开始，他就跟随陆小左和阎金海两位导师上临床。"大学五年，平时除了上课就是跟师，跟师兄师姐相处得比同班同学还近"的他想回到毕节跟王春学习。

因此，他没有像其他同学一样，选择继续攻读研究生，或者留在天津就业，而是回到家乡毕节，进入一家乡镇卫生院工作。因为王春老师介绍的缘故，他没有像大多数毕业生一样先到病房，而是直接被安排到门诊部坐诊，一干就是两年半。

2017 年的一天，舒健平在微信群里看到王春老师发了一本书的照片，告诉学生们"你们必须人手一本，这本书写得特别好。"于是，他就立刻买了这本名字叫《黄帝内针——和平的使者》的书，读了大概三遍后，他就开始照着书给病人用上了。不过，效果并没有想象中的理想，只能说是"偶中"。

舒健平在贵州毕节基层卫生院工作（舒健平提供）

舒健平认为是自己的问题，虽然暂时找不出原因，但他还是兴趣不减，随手发了书上的一段话到朋友圈上。可能是天意使然，被他读本科时候的学姐岳冬梅看见了。当时岳冬梅在北京一家教育机构工作，当得知他使用黄帝内针后，她告诉舒健平自己曾经在一次山西省忻州市的黄帝内针义诊活动中接触到了黄帝内针，并把自己的学习经验和感受分享给他，舒健平感觉自己茅塞顿开。

第二天，他就在门诊上尝试。有一个病人他记得非常清楚，因为右侧偏头疼，一直在医院里住院治病，但是挂点滴一周多也没见好转，就被介绍到中医科试一试。当舒健平在患者左侧中渚穴一针扎下去后，他就听见患者用本地的方言说："咦，怎么不痛了？"病人继续晃了晃头说："就是不痛了，不痛了！"舒健平还是不放心地问病人："你确定不痛了吗？"病人说："是的。"

舒健平激动不已，他围着诊室转了好几圈，差一点就蹦了起来。

从此，他的诊室，经常有七八个病人坐成一排让他给扎针。他俨然成了一名针灸专科大夫。变得信心十足的他，兴奋地在微信群里跟大家分享自己的扎针照片。

因为黄帝内针给他们"牵线搭桥"，舒健平和岳冬梅，志同道合的两个年轻人慢慢走到了一起。就读过三和书院一届的中医硕士岳冬梅也有意回归临床，当她听说舒健平在毕节跟王春老师学习的情况后，心生向往，舒健平带她拜访了王春，一转身，舒健平又成了岳冬梅的"师兄"。

2019年4月，岳冬梅结束了一个阶段的毕节跟诊学习后，回到老家安徽省蒙城县开了一家中医诊所。出乎所有人的意料，她一个大学生模样的女孩子，第一个月的门诊量就达到了1000多人次，她一个人忙不过来。舒健平心疼岳冬梅太辛苦，就跟单位提出了辞职，几经争取终于获得了批准，6月份，他赶到了安徽蒙城。二人同心，其利断金，凭借扎针效果好、药效好、药量小、药价便宜，他们6月份门诊量超过2000人次，7月份就过了3000人次。接诊最多的一天，他们两个人一共看了238人，那个月病人量达到3700多人次。

互为"师兄"的舒健平与岳冬梅（舒健平提供）

岳冬梅和舒健平在安徽蒙城期间照片（舒健平提供）

到蒙城后，舒健平还有一个重大收获，在门诊帮忙的准岳父眼中"看着挺会看病的"的他，获得了岳冬梅一家人的认可，他们于 2020 年元旦幸福成家。突发的新冠疫情下，他俩的诊所停业三个月，后来他们商量诊所房子 8 月份到期后，搬家回到贵州，重新创办一家诊所。王春老师建议他们干脆到省会贵阳闯一闯，即使他们小两口已经有了爱情的结晶，也不要着急赚钱，让患者认可和接受年轻中医是第一位的。经过找房子、装修、诊所备案等，2020 年 11 月 21 日，他们小夫妻的诊所再次在贵阳市花溪区开张接诊了。

跟在安徽蒙城差不多，初期他们也是通过针灸（黄帝内针）义诊来让患者感受中医的简便效验，再加上方药，半年时间不到，患者从每天一两个逐步增加到四五十人甚至六十人，舒健平统计 2021 年 4 月份接诊了 1000 多人次。从蒙城到贵阳，他们从来没有用过发传单等常见的方式去做宣传，就是一心做好看病这一件事，他们认为疗效就是口碑，患者都是互相介绍，口口相传来的，这样心里才踏实。

位于贵阳市花溪区的舒健平中医诊所（老才提供）

因为岳冬梅要在家照看孩子，平时都是舒健平一个人在门诊。今年3月份，岳冬梅看到北京同有三和中医药发展基金会（以下简称"同有三和基金会"）跟陕西榆林子洲卫健局联合举办的黄帝内针公益培训和义诊的招生宣传，黄帝内针传人杨真海老师亲自主讲，她喜出望外，主动给舒健平报了名，虽然才开几个月的门诊要被迫停诊十多天，但他们认为这样的机会是值得的。幸运再次降临到舒健平身上，经过网络面试，舒健平从541名全国各地个体诊所的报名医生大名单中脱颖而出，成为了被录取的1/51。

5月19日下午，远在子洲参加义诊的舒健平跟我微信连线说："此行有两大收获，第一是亲见杨真海老师，深刻感受到了传承的力量和他老人家对'人人知医，天下少病'的拳拳之心；第二，认识了很多同行，自己从前在小圈子里面待得久了，认为自己30岁不到、离乡背井、单枪匹马也能把中医做起来，多少有点心生傲慢。

"当我来到子洲县，我连续两个晚上跟培训班同学、来自甘肃漳县的包芳芳大夫吃饭，从她身上，我深刻感受到，学中医真的不在于学历，她初中毕业，但是从她身上透发出来对中医的感觉非常感染我。接触很多包芳芳这样优秀的青年中医后，我就感到自己的圈子太小了，出来见下世面很值得。这次学习回去后，不能说因为要照顾小孩等就懈怠了，得加紧学习。所以我从子洲回来后跟王老师汇报说，请老师一定要严格要求我们。"

"一条朋友圈消息引发的连环惊喜，恭喜你。作为一个有五年基层临床经验的青年中医，你自己总结过什么吗？"

"年轻中医，在基层看病，首先要通过效果在老百姓心中建立对中医的信心，至于传播中医，也一定要建立在王春老师反复强调的疗效基础上。因此，作为一个青年中医，如何提高临床效果，是最重要的。也就是杨真海老师讲课时候所强调的'青年中医一定要立信，通过建立信心，把自己腰杆挺直了，信就是疗效'。

2021年5月舒健平（前排右一）在子洲县（舒健平提供）

"三十而立，我还有两年，我能走到今天，感觉自己很幸运。一方面，要不是当年王春老师给我治好了病，我很可能就变得自卑，甚至自暴自弃了。更加幸运的是，我能够听从老师的建议学中医，还能跟他学习看病和更多做人的道理，而且接触到黄帝内针这样理法方针俱足的稀有针法，因为热爱中医，志趣相投跟心爱的人走到一起，我们的小宝宝出生四个月了。一路走来，我感到很幸福。"

"你的大学同学怎么说你？"

"很多同学都说羡慕我。内心里我觉得自己选择中医，坚持中医，做自己热爱的事情，幸福感很高。有的病人知道我们的宝宝出生了，他们来看病的时候就带点土鸡蛋什么的，心意无价，病人信任我们，我们也感恩他们信任年轻中医，于是和很多患者在看病的过程中成了要好的朋友。我跟妻子说，我们当中医大夫到这一步，感到很幸福，真的是这样的。而且，有时候自己的家人也很受益，我母亲是吃不了苦药的人，我可以给他扎针或者做艾灸。"

舒健平在贵阳诊所工作，边出诊边带教（老才提供）

6月16日上午，我走进舒健平的小诊所，从8点半到12点多，他看了50个患者。他一个人，把脉、开方、扎针，基本上一刻不停，有两个女学生旁边坐着跟诊，一个调剂员，在抓药空隙帮助患者拔针。我注意到，他的方子很小，基本上每张方子都是六味药，开六天，六小包药合起来，好像还没有常见的中医开的一包药量多，加上六天针灸，大部分都是收费80块。

当天晚上，今年整50岁的王春看着身边28岁的舒健平对我说："不算上我带的最早卫校那批学生，这十多年，我带过三四十个专科生、本科生和研究生，健平大概算是第二批和第三批跟我学习的学生之一。他属于很自强的那种人，自己敢去外面闯，遇到什么问题，都跟我交流。"听到老师提到自己名字，坐在椅子上双手下垂、端坐着的舒健平，略显拘谨地目视自己前下方，一位四个月宝宝的父亲，大男孩般的脸上，是满满的幸福微笑和几许羞涩。

4. 王春：踽踽独行书做伴，有教无类师带徒

从贵阳到毕节的高铁上，舒健平说："我曾经帮王老师搬过两次家，后来他送给我三百多本书。"6月17日中午，我走进王春的家，两层的楼房，楼上有两个房间，从天棚到地面，书架、书桌、书堆，到处都是书，看名字中西医学、东西方人文书居多，一本本大部头的学术专著、精装书，看着价值不菲，俨然一座私人藏书楼。

王春在家中接待来访（老才提供）

在一间相对小点、更像他的书房的屋子里，王春坐在藤椅里，周围都是书。我对他的采访正式开始——

"王老师，请您简单概括下自己的诊疗模式吧。"

"注重元气，以脉定药，小方，药量少，口感好。简单说，就是'元气、脉、药、方'五个字。我看病非常快，基本上一分钟一个病人，看病感觉不到累。"

"您这个颇具自创色彩的诊疗模式的独特之处是？"

"中国人讲究精气神。气是精和神的桥梁。身和心之间，只有通过气才能成为一元，融为一体。所谓治病就是治气，气足了，神就来了。而在此过程中，药物的作用只是引导气，达到身体五脏六腑气的平衡。这也是我把自己的诊所命名为'扶元堂'的原因。"

"您大概一周出诊几天？每天看多少患者？"

"现在我每周出诊6天，每天看3个小时，平均90个患者左右。上周六，半天（3个半小时）看了150人，我一个人，一直没歇气（休息），还要带几个跟诊的学生。"

"3个半小时看150人？"

"是的。最多的一天，从下午1点到6点，我看了220多个病人。跟诊的几个学生，都去帮忙抓药，即使他们5个人一起干，还跟不上我开方的节奏。"

"您学生舒健平说您这套体系的方子很小，大概是小到什么程度？"

"我一般开方是五六味药。"

"我在贵阳舒健平诊所看他基本是六味药。"

"是我定的规矩。为什么定六味？前三味，定大方向，后三味，上中下三焦。"

"在毕节市，一般来说，一个中医诊所，每天门诊量是多少？"

"二三十个吧，我十几年个体中医干到现在，可以说对毕节中医情况了如指掌。在毕节中医诊所里，我的患者是最多的，患者数量长盛不衰，说明我的疗效是经得起考验的。而且病人遍及十多个省市，2020年疫情以来，外地患者少了些，不过本地患者增加了。"

"1 分钟看一个患者？"

"有的还不到一分钟，有的患者不了解我的，慕名来的，以为我是敷衍了事，但是我也不去解释，患者说我什么的都有。"

"还有说您什么的？"我望着衬衫开着两个扣，手里拿着烟的王春。

"任何一个高明的医生，都不可能满足所有的患者。但是你不要在乎那些东西，只要你不断有患者就好。"

"您还没回答我？"我紧追不舍。

"我喝酒、吸烟。有人听说我看病好，从外地专程来找我看病，见到我后跟我的学生说'你的老师不像搞中医的，不重视养生，又抽烟又喝酒'。其实，这些人有所不知，毕节比较寒湿，对于酒，我当药来用，适量，从来不喝多，吸烟，从来不真吸进去。这两个算是我的生活小爱好，好比人看书看累了，要休息一下，有人会外出散步，我选择抽几口雪茄，仅此而已。因此，刘琼也不反对我这两个习惯。"

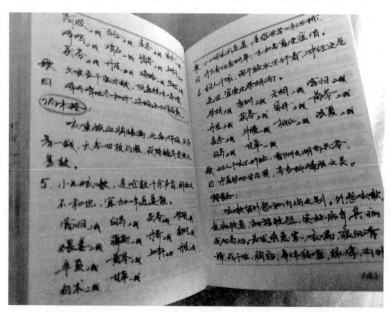

1998 年王春在大学宿舍手抄《医学见能》的笔记（王春提供）

"您这套特别的诊疗模式，从探索到定型用了多少时间？"

"我自己一个人从 2007 年开始探索到基本成型，如果中间身体不累垮掉必须休养一段时间，5 年时间就应该完成了。那时候我还没有从医院辞职，整天非常忙碌，我在单位和诊所两边出诊，往往是刚端起饭碗又来患者了，晚上还要给学生讲课。主要是身体累得太虚了，整整休息了 3 个月。后来通过做艾灸，更主要是站桩，逐步把散的气收回来，慢慢就恢复过来了。其实，这个过程也有一个好处，让我对虚证的治疗有了切身的体会，对后面自己研究中医也有了一定启发。"

"祸兮福所倚。您带学生是从什么时候开始的？"

"2007 年元旦的时候，一个卫生局的朋友调到毕节卫校当副校长，他邀请我到卫校给学生上课，讲《中医内科学》。我们医院院长支持我去当老师，他说只要不影响本职临床工作就好。2007 年 3 月，我正式开始给学生上课。后来，学生们说我教书风格与其他老师不同，讲课很有意思，就问我是否能到我的诊所看我怎么看病，我说没问题。学生越看越有兴趣，我也乐意给他们多讲些课，自然而然，就不断教他们更多东西了。当时，我考虑他们将来毕业后是回到农村，针灸应该用得上，就重点培养他们搞针灸。"

"后来您又带了包括舒健平在内的中医院校的学生？"

"说来话长，我从小对改变社会的人物就崇敬。走出大学校门后，这么多年，自己摸索着走中医这条路，这段经历，算是有些体会。我不敢说改变社会，如果能有机会帮一帮年轻的中医学生，就是为社会尽一点力，共同把社会建设得更好一点。中医临床人才，是中医事业和发展的核心和关键，中医当务之急是培养临床医生人才。中医临床人才的质量和数量决定中医的生死存亡。我一个人看病多厉害是没用的，我们先把中医血脉续上，不要断气。

2000 年王春硕士研究生毕业照（王春提供）

"坦诚讲，我通过培养舒健平他们，就是在搞一个教育模式，看学生能否短时间内独立看病，这样他们对当中医就会有信心，我们也就不必担心中医的未来。我跟学生们说，你们跟我学习，学好中医，看好病，就是发展中医。我不会跟你们喊什么口号，你们也不要跟我说振兴中医，你有这个能力吗？如果你没有这个能力，就不要说这个话。好好干好临床，看好病，做好事。"

"从探索自己的诊疗模式到探索带学生的过程中，您得到了什么经验？"

"教中医课，通常认识是离不开各种中医经典的。一开始我也给他们讲了 100 多个小时的课，后来发现他们根本听不懂，我也就不再讲了。于是，我就改成先教他们把脉，把看病套路和心法教给他们，他们心定了，再去看书，这样很快就会看病了。中医就是一门武功，看病就是打仗，如果中医的脉、药、方对应不起来，临床上就打不赢病。虚证怎么把握，药用多少剂量，指下空几分，对应多大剂量，等等，这些我都已经在临床上总结出来了。药味越少，方越难开。通过脉象把虚实、药物、剂量，完全对应上和全部量化起来，否则学生心里没谱，就没法开药。

"中医四诊，我尤其重视脉诊。我常跟他们讲要做'指尖上的中医'，实践出真知。我告诉他们，经典不是嘴皮子功夫，要把经典都用到指尖上。八纲的表里寒热虚实阴阳，要在手指头上说清楚。想要把中医效果做起来，我有几个标准：几味药，药好喝，疗效好，花钱少。从 2018 年开始，我就开始进入无方的境界了。关键是要懂我的原理。目前学生看病上跟我有些差距，但是如果大方向不错，懂了原理就会变通。这些年学生们学完离开我后，所反馈的临床疗效和门诊量，早已经证明，我教给他们的大的原理是可以复制的，我对这套诊疗和教学模式越来越有信心。"

2018 年 3 月王春题赠杂志给舒健平（舒健平提供）

"带学生迄今十四年了，您对他们感觉满意吗？"

"中医突围需要做的是，大力培养一大批有真功夫、能看好病的中医临床人才，形成真正的中医中坚力量。客观地说，现在不能光指望中医药大学，如果学中医读到博士毕业哪怕科研成果再好，要是不会看病，中医就不会得到老百姓的信任，因为大部分老百姓看病不看你的科研成果和职称，看疗效。我带的这几十个学生，我允许他们跟在我身边最多一年，然后我就要派他们出去，看我教的这套东西是否能够立得住，现在事实证明，完全可以。

　　"我的学生，按照县城来说，少则三年，多则五年，就能成为当地的名医，大大缩短了培训周期和探索周期。舒健平的出现，是不是对年轻学子们的一个刺激？这就是榜样的力量。如果他五六十岁了，像我这个年纪再出去开诊所，就没有人羡慕了。如果贵阳有四五十家像舒健平一样的中医诊所，那很快就会把贵阳中医局面盘活了。"

　　　　"像健平一样的中医诊所，日门诊量很快就会有 30 多人，不少学生学成后短短几年，已成为年轻的名医。学生遍布体制内外，比如毕节中医院儿科主任刘丽，仅仅跟随王春学习了半年，她所在的科室成了医院的最热科室，月均接诊 2700 人次，获评贵州中医儿科重点专科。"

　　　　　　　　　　　　　　　　　——《藏天下》2018.02

　　"我见过一些中医老师担心不能绑定学生，迄今一直免费带学生的您有这个顾虑吗？"

　　"我不担心，我现在就绑定学生了。现在这帮学生基本都会定期过来跟诊学习，他们很多人从在医院实习的时候就开始跟着我了。我是实实在在地带出了一帮学生。像舒健平一样，我已经改变了这些学生的命运。比如说，我要是到贵阳去开连锁医馆，学生们都能担起来，我给他们提供平台。即使他们将来出去了，也是传播我的东西。他不会不承认我这个老师吧？只要他能救人、帮人，就行了。如果舍不得老师，可以留下来，我会让他有一个比较好的收入。

　　"总之，第一，我留得住人；第二，我不怕人走。十多年来，这些学生跟我非亲非故，如果我没有心胸和肚量，我不会教他们。如果将来有一天，我遇到一个老师，他说我的学生在跟他学习，我不仅不会妒忌，还会恭喜他，我恭喜他培养高级人才，我给他培养初级人才，因为我们有一个共同目标：把中医搞上去。"

2021 年 4 月王春（前排左五）率众弟子给舒健平（前排左四）
贵阳新开诊所赠匾"气脉合璧"并合影留念（舒健平提供）

"做出来的心胸。说一说这些年您对中医的体会和心得吧？"

"很多，简单说几条。

"第一，学医，需要三分医学，七分杂学。《黄帝内经》就是一个杂学。我不保守，我认为他们虽然跟我学了好多年但是学得并不多，我真正的东西其实是来自东西方的大师。中医的传承和技艺层面，不需要那么多理论，只要耐心地去重复。想成为高手，文化底蕴、知识储备、思维高度，很重要。

"第二，学中医能不能学得好，关键就是两个字：热爱。

"第三，对于一个学生来说，悟性、学识、临床水平，这三点很重要。

"第四，看学生，注重看他的思维模式。我不太在意学生的在校成绩，我在意他们的思维方式，我发现，大专生、本科生、研究生，思维方式是一样的，同一个问题，大专生答不出来，本科生和研究生也答不出来。

"第五，我告诉学生们，既要会学东西，会看病，又要会玩，会'混社会'。如果不能适应社会，即使再有武功也无法施展。

"第六，经过多年观察，我这套培养中医学生的模式，复制很快，现在的学生不是有一年实习嘛，送到我这里来，一年时间我就可以让他会看病。执业医师证考下来以后他就是一个合格的中医师了。不用再担心没有疗效和受医院的限制，自己就可以单独干诊所。

"第七，我的这套中医诊疗模式有个特点，因为逻辑性特别强，所以从事西医的大夫特别能够接受。"

尾声：王春面临第三次走出毕节

6月17日上午，我和王春在毕节纱帽山上散步。他说："我们看《名老中医之路》里面讲中医成名需要很长时间，现在我想明白了，我认为问题是没有找到根本，根本就在于对气的把握。如果能够把病因病机，全部转化到气上来，驾驭中医就易如反掌。在我没有搞明白中医之前，我非常想成为名医。当我沉下心深入临床，真正进去以后我发现，我看到的中医跟市面上好像很热闹的中医并不一样。我不想让这些干扰我，所以我告诉弟子们不要把我的东西发到网上。

"现在遍地都是举办各种拜师仪式，省外有主任医师想来找我拜师，说想辞职出来，但是没有方向，我拒绝了。我跟卫校校长说，实际上毕节真正在做中医传承的只有我。我默默地带着几十个学生，把他们培养出来了。我其实不在乎名声，只是希望有个合法固定的学术场所做传承和教育。我还在医院的时候就是毕节市名中医的评委、毕节市传染病专家组的成员、贵州省毕节市专家库的成员。

王春在书房读书（王春提供）

"之前的十几年我有教无类地带学生，现在我基本不收了，所以，有些推不掉的，我就让弟子们，比如舒健平去带。如果你愿意来，可以在我看病的时候在旁边坐着，能学多少东西看自己的学习和理解能力。下一步我计划做网络直播，然后办培训班。舒健平他们几个，就当初级班的老师，然后，慢慢从里面发现苗子。另外，我考虑让舒健平临床带教，也是为了教学相长。像他带过学生后，将来我们开班办学，他讲课的底气就会特别足。我自己的讲课能力大学时期就锻炼出来了。

"再远一点的话，我有两个计划，一个是集合学生们出版一本《中医经典临床学》，经典就是临床，临床就是经典，经典和临床本质上是一样的。另一个是，到贵阳办一个大型的中医诊疗中心，开几个连锁诊所。第一年，学生可以在我这里干，等培养成熟了，就可以自己干了。临床就是教学，教学就是临床。帮助学生们都能独当一面，等他们真正能独立了，我就退隐。"

下午，我跟王春来到他的扶元堂中医诊所，临街的门面不大，装修普通，略显陈旧，两扇对开玻璃门，里面很狭小，十平米左右，一张小诊桌对着门，后面靠墙一个不大的中药饮片橱，两个玻璃药柜。他在诊桌后面椅子上坐下来，旁边一张长条椅，坐着三个跟诊的男学生（一个看上去 40 岁左右，两个 20 岁上下的英俊魁梧的小伙子自我介绍是王春的"徒子徒孙"），后来又来了两个女学生，五个人每隔 15～20 分钟轮流坐到王春身边跟诊。1 点半开诊后，患者络绎不绝，男女老幼都有，看上去自己过来的，朋友介绍的，一家三口的，夫妻一起来的，不一而足。

王春、刘琼夫妇的扶元堂中医诊所（老才提供）

王春看病飞快，三个学生没摸完脉，他手写的方子已经传到唯一的调剂员手里了。他很放松，间或没有病人时，点上一根烟吸上一口，对我说"周四病人最少"。有时候他一边看病，一边时不时地跟学生们聊几句患者病情啥的，甚至是我听不懂的毕节方言的玩笑话。他没有一丝老师架子，师生之间谈笑风生。我粗略统计，到3点，王春看了30多个患者。跟我之前在贵阳舒健平门诊看到的一样，王春开的药方药味很少，每副药五六味之间，药量也很小。每个患者6天药费50元左右，两周100元的居多，间或有100多和200元的。

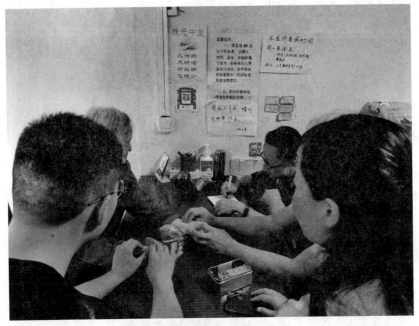

王春在扶元堂出诊（老才提供）

到毕节前，舒健平对我说王春老师的孩子今年高考，王春心里希望儿子学习中医，可是分数和填报志愿主动权都在儿子身上。

这几天，恰逢高考成绩公布，我向舒健平打听王春儿子高考成绩，他说考了546分，超出贵州理科一本线90多分，孩子自己填报的志愿，第一个大学是南京中医药大学，我向一位朋友了解后被告知"进档是有希望的"。

我立刻向王春道喜，他回复了我一段话："我儿子报中医是自愿的，我叫他填点其他专业都不愿意，全报的中医药大学的中医学或针推专业，好像是命中注定要子承父业。他学中医对我来说很欣慰，使我少了很多后顾之忧……"

在纱帽山顶，我问王春，医生、老师、学者这几个身份，最想做的是什么。他说，未来最想做的就是学者、传道者。在王春家里时，他说下一步要去贵阳，毕节的房子要卖掉，好多书都要送给弟子们。

我预感，为中医，王春的第三次出走，近在眼前。这一次，他又将去哪里？会做些什么？

> "王春已经把中医作为自己生命的一部分，如何找到
> 中医的正确回归之路，他在思考，在等待，也在尝试和
> 努力。"

——《藏天下》2018.02

二、张润昌："我一心做一名纯粹中医"

"非常"庚子年初，在等待了四个多月后，刚过不惑之年的张润昌辞去了剑川县马登中心卫生院院长的职务，重新做回一名普通医生。张润昌祖祖辈辈生活在云南的大山里面，是地地道道的普通农家子弟，学医从医迄今二十年，基本靠自学，从一开始的懵懵懂懂到主治大夫，无亲无故的他，通过竞聘上岗成为手握"铁饭碗"的卫生院医生，后来被提拔为业务副院长、院长，2019 年他才四十岁，前面还有很多机会。但他 9 月份提交了辞职申请，让不少人的内心起了微澜。

张润昌在诊室（摄于 2020 年 9 月）

2020 年 9 月下旬，首期黄帝内针云公益班结束线上培训，即将分四地开展小规模义诊带教，张润昌所在的卫生院是四个义诊点之一。在大理州中医医院进修学习的张润昌闻讯后请假回到卫生院帮忙。我也在一路风尘后叩开了他的诊室。

坐在诊桌后面，穿着白大衣的张润昌大夫，中等身材，四十岁上下，四方脸，浓眉大眼，有一种云南人常见的紫外线过度照射的肤色，从眉宇间能看出他是一个吃专业技术饭的。

1. 一入医门深似海，文凭资格关卡多

张润昌 1979 年生，是土生土长的大理沙溪人。1998 年高中毕业的时候，高考第一志愿他大都填报的是中医，但是因为考试成绩不理想，当时大学还没扩招，最后填报的云南省玉溪卫生学校的三年制医学信息管理专业，他被录取了，别无选择。

"你什么时候开始对学中医感兴趣的？"

"读高中的时候我患有鼻窦炎，经常头昏，到处去看病也没看好，最后家里把我送到一个民间中医那里治好了。更大的原因是，我一个姑奶的儿子是在省城昆明读的云南中医学院（现云南中医药大学）中医学专业，平常他节假日回乡下来经常用中医给老百姓看病，包括我，慢慢地，我就喜欢上了中医。"

读卫校的第二年，张润昌想将来要走中医这条路，他先去教育局打探消息后，约了一个同班同学，两个人一起去报名参加高等教育中医专业自学考试，一年考两次，第一次他俩报了两科，两个人都通过了。第二次考试，他们又报了两科，结果这次只有张润昌自己考过了，同学不想再考了，张润昌不想放弃。卫校全班同学 50 人，只有他走了高教自考这条路，并一直读完，卫校毕业后第四年他如愿拿到中医自考大专文凭。

"社会普遍认为高教自学考试甚至比普通高考还难考，你是怎么坚持下来的？"

读卫校第二年军训集体合影（张润昌在最后一排最右）

"卫校三年我没上过中医课，记得一开始自学中医时候，好多字我都不懂。比如把川芎读成川弓、黄芪读成黄氏，必须借助字典才知道怎么读。我想就是靠一个字——"熬"吧，取得中医自考大专文凭一共需要考过15门，到卫校毕业的时候我就考过了9门。"

2001年夏秋之交，刚走出卫校大门的张润昌，马上面临两个难题，一个是找工作就业，一个是考取执业资格证。这两件事，他也是付出了一般人难以想象的艰难。

首当其冲的是，按照当时的就业政策规定，在他这一届前一年初中毕业读四年制中专和大专毕业的国家包分配工作，就是他们高中毕业读三年制中专的不分配，假如他读两年制的中专，2000年毕业后就会被分配工作。毕业回到老家工作找不着，他只能返回玉溪，经卫校毕业前实习过一家医院的老乡介绍，在一家民营中医骨伤科医院，一边跟院长学习，一边工作，总算有了一个落脚点。后来，算是有缘加上自己的刻苦努力，他很快就掌握了中医骨伤手法复位技术，几个月以后，医院门诊的手法复位工作基本上就交给了他。从 2001 年 8 月至 2006 年底，他就一直在这家医院从事中医正骨等临床工作。

2001 年卫校毕业师生合影（张润昌在最后一排左起第七）

张润昌考取医师执业资格证书的经历，更是一波三折。照理说他卫校毕业，2002 年、2003 年都是可以考西医临床助理医师的，但是他每一次去报名，卫生局都说他毕业证书上写的是医学信息管理专业，"你的毕业证写着管理类专业，不允许报名医师资格考试。"

又一次走投无路，2004 年考前报名的时候他求助到卫校的老师，老师对他说卫校招生的时候是"社区医学专业（医学信息管理）"，所以本身应该是属于社区医学的，然后就给他写了一个证明材料，让他再去报名试试。张润昌壮着胆子拿着那个证明材料去报名，幸运的是，这次卫生局批准了他的报名，但是跟他说必须要一次性考过。结果，总分 300 分的临床助理医师试卷，152 分过关，他考了 211 分，心里大石头落地。

张润昌一边笑一边说："后面还没有完，我 2005 年中医学自考大专毕业，到 2006 年的时候我想继续报考执业医师，卫生局说我是属于西医离职学习中医，之前已经考取西医执业助理医师资格，国家规定西医学习中医只能走中西医结合的路，所以只能再考中西医结合助理医师。我非常想有个中医类别执业资格，2006 年的时候我就又考了一个中西医结合助理医师，同样满分 300 分，过关 172 分，我考了 249 分。隔了一年后，2008 年又考下来中西医结合执业医师证书。"

中风后康复患者来卫生院赠送锦旗（摄于 2018 年 4 月）

2. 工作单位几经变迁——离开民营医院，回家单干，考入体制获得编制

2006 年底，因为家里原因，已经具有五六年临床经验的张润昌从民营中医骨伤医院辞职回到老家。他爱人（当时二人未婚）是卫校校友，也辞去了在玉溪市人民医院的编外合同制护士工作，二人在沙溪甸头村开了一间卫生室。当时刚开始实行新农合，也是新型农村合作医疗定点医疗机构，主要开展的诊疗项目是中医骨伤科手法复位和开方抓中药，此外，老乡们常用的输液、肌注、西药口服药等服务也都提供。很快，十里八村的老乡们都信服他，常叫他“接骨医生”。

2009 年政府开始推进乡村一体化，张润昌关掉了卫生室，去卫生局申请了一个个体诊所，在沙溪古镇上开了一个中西医结合诊所，继续以手法结合中医中药治疗颈肩腰腿痛疾病为主。无论到哪里当大夫，他都深受患者认可。

2010 年张润昌的儿子出生了，听从父母亲建议，张润昌通过公开招考，从 2011 年 1 月起，他成为马登中心卫生院的一名大夫，从此他不再是个体户，而是手握“旱涝保收”的“金饭碗”，唯一不足的是距离家比较远。

进卫生院后，他先被安排到住院部参加西医临床班的学习，接着就从事西医临床工作。一开始，他知道这是必然的一个过程，也愿意多学习一些西医临床知识和技能，接下来一干就是三年。他逐步感觉到一丝不安，到 2013 年，他越发关心中医这条路究竟能不能走下去？他有点迷茫了。

“你是怎么走出这段困惑期的呢？”

“幸运的是 2014 年我被选派参加中医类别全科医师规范化培训

（简称'规培'），2014 年 3 月至 2015 年 3 月我在云南省中医医院参加中医类别全科医师规培，并师从云南省中医医院"云南省荣誉名中医"赵淳教授。进修回来后，我重新以中医临床为主，心理上就安稳了很多。在上级各部门的帮助支持下，2015 年 8 月我们卫生院建设了中医馆，医院的中医氛围就又上了一个台阶，我的中医理想也更加坚定了。"

马登中心卫生院中医馆（摄于 2020 年 9 月）

3. 坎坷医路二十载，山穷水复遇内针

张润昌说自己高考分数不好，但是学习起中医他从来都是书不厌多，读不厌精。持续二十年，以自学中医模式为主的他，买书、看书成了唯一的业余爱好。从最早学习的中医骨伤算起，包括北京刘寿山的、洛阳郭氏正骨的，凡是听人推荐的书，自己都买来读。后来有网络了，又在网络上买书，看视频学习。就拿经方的学习来

讲，先后学过胡希恕、刘渡舟、黄煌等医家的体系。

　　除了看书，看视频外，他也抓住各种机会去跟师。2012 年初，他开始读云南中医学院成人教育本科，当时有个授课老师，学中医也是靠自学，从中专毕业后直到读完研究生，后来又回到卫校教书。这位老师跟张润昌说，你要知道，有药无针，就不是完整的中医。当时，他没有太多感觉，直到临床经验越来越丰富后，他才有真正的体会。他说，老师的这句话，自己会带在身上一辈子。

　　"针灸也是传统中医的五种治疗手段（即五术，针、灸、砭石、导引、按跷）之一，为什么你的老师要提醒你学针呢？"

　　"当年我参加中医大专自学考试的时候，基础科目考完以后面临报选修课，规定是除了中医内科属于必修外，我可以从中医外科、中医妇科、中医伤科和针灸四门中选修一门。因为学中医我是全靠自学为主，中医外科我觉得不怎么有特色，中医妇科我想慢慢学，我读卫校的时候解剖学这门课成绩还算不错，于是我就选了中医伤科学。我没选考针灸，是因为觉得太难了。现在回头看，当时自己的认识是很狭窄的。"

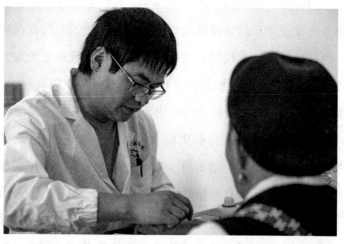

张润昌参加鹤庆县黄帝内针义诊（摄于 2019 年 7 月）

"为什么你觉得针灸很难呢？"

"因为我没有老师教，然后针灸要记的经络穴位特别多，所以我一看针灸教材就觉得头疼，认为没办法学。"

"后来你什么时候开始学习针灸的？去年你还参加了大理州中医药管理局举办的黄帝内针骨干医生培训班。"

"因为成教班没有教针灸课，老师看我求学无门，就推荐我读了一个湖北青年中医写的书，他的很多书我都买了。2017年的时候，我读到了一本这个大夫写的针法书，我发现学针灸并不用记太多经络穴位，好像也不太难。我就开始看书自学，临床上尝试给跟我特别熟悉的朋友或者老患者用针治疗，感觉疗效还可以，但是因为都是扎手的大拇指，患者反映特别痛。前后大概用了半年左右。我心想，有没有一种针法，能够不扎大拇指，比如给患者把脉后就在手腕部附近扎针，效果好还不痛的方法。"

"心想事成。你求的好像就是黄帝内针。"

"真是很巧！2019年1月，我在网络上搜索到了黄帝内针，立刻买了《黄帝内针——和平的使者》这本书。一读我就发现，这就是我想学的针法，理法简洁清楚容易学，扎针位置都是肘膝关节以下，很方便又安全。然后我就立刻开始自学，学了之后就在病人身上用，但是疗效不是太理想，没找到原因。直到我后来参加大理州内针骨干班才明白，很重要的一点是，导引这一关我没有过。"

张润昌参加大理州内针骨干班也不是轻而易举的。2019年6月末的时候大理州中医药工作群里群发了一则通知——7月份大理州要举办一期黄帝内针骨干培训班。当时女儿才出生，正在大理休陪产假的他看到通知后，立刻给县卫健局打电话希望报名，表示自己不会占用正常工作时间，卫健局同意了。然后他努力看书补课，上课认真听讲，培训之后又参加了鹤庆县的带教义诊，闻讯来扎针的患者很多。跟其他学员一样，他也收获很大。义诊结束后，张润昌就回到卫生院工作，重新上班第一天起，他天天用内针给患者治病，效果非常理想，病人也越来越多，他的门诊量从用内针前每天的二十几个翻了足有一倍。

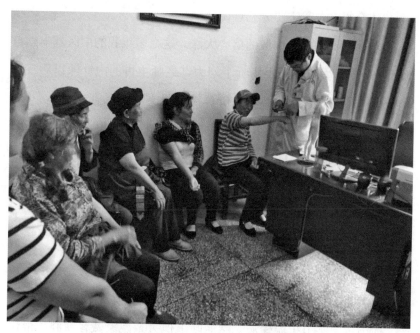

张润昌在工作中（摄于 2019 年 8 月）

他参加内针骨干班还有一个小插曲，开课前一天报道的时候，大理州中医药管理局杨副局长遇见他，微笑着说："在定名单的时候，我专门给每个县留了一个乡镇卫生院的名额，我想你一定会来学，刚才我没在学员签到表上看到你的名字。终于，你还是出现了。"

张润昌说，早于内针骨干班前，有一次杨副局长到剑川县视察工作的时候，曾经跟张润昌提起过，有（黄帝内针）这样一门针法，疗效还不错，立竿见影。当时张润昌并没有特别好奇询问，杨副局长也没有继续说出黄帝内针的名字。其实，当时张润昌正在自学黄帝内针。

"张大夫，从大理学习内针到现在有一年多了，临床践行后你对黄帝内针有什么新体会？"

"体会很多，我主要分三点说。

"第一，对内针和中医的信心大涨。这么多年我的中医基本靠自学，但是当我去年夏天现场听了刘力红老师主讲的内针课以后，我才感觉到《黄帝内针》书上的口耳传承跟文字传承真的很不一样，它是有直接传承的。还有，前面我也说过，原来我根本不理解什么是导引，后来在网络上看到一个刘力红老师的导引按跷讲座视频后，才慢慢地理解一些。虽然我自认为自己中医学了那么多，但是连中医的五术我都不知道，同时，感觉自己中医也学得很累，应该是不太得法。

"虽然书里面也讲到了导引，但现场听课的收获是完全想象不到的，对内针疗效也有了翻天覆地的认识。例如，有一个50多岁男患者，他因感冒来卫生院输液，然后晚上他去亲戚家做客饮酒，很快就出现了西医说的双硫仑样反应。那天刚好是我行政值班，医护人员发现后立刻打电话给我，当时他们已经把氧气和地塞米松等给病人用上了。病人临床的主要症状是胸闷、呼吸特别困难，我赶过去一看患者病情严重，当即就从口袋里拿出平时随身带的针灸针，简易消毒以后，我找了同气后在他的内关附近扎了一针，然后在阳明的手三里附近又扎了一个同气。很快，病人说，大夫，我气顺了，这种舒服跟吸氧不一样，当时在场的人都觉得针灸很神奇。

"还有一个女患者，右足背外侧疼痛，说疼得要命，每次疼起来她的血管就粗起来，疼得晚上无法入睡，偶尔眯一会儿也经常痛醒。

她到处找医院去看，也没检查出什么病，西医说没什么病，反正最多就是开点止痛药而已，吃了照样痛，就是这样维持了几个月，人非常痛苦。后来她找到我治疗，说实话我也不知道是什么病，但是内针本身就要走出疾病。所以我就按照"6321"的原则在她对侧左手上扎了针。第一次扎针后的留针观察过程当中她还是疼痛了一次，我亲眼看到她疼痛时候的腿上血管怒张的样子，真是不忍心看。第二天她继续来治疗，我就问她，你疼痛的时间和程度跟以前比有什么变化没有，她说昨天回去了以后，之前是半个小时就痛一回，现在是一个小时多点，差不多两个小时痛一次。我知道自己用针的路子是对的，就这样给她连续治疗了5天，以后就没事了，彻底好了。皆大欢喜。"

"大理学内针后第二点体会是？"

"之前很多年我自学中医注重追求技法，进培训班学了内针之后开始追求明理法。之前我买的读的书理论内外妇儿各个科都有，又多又杂，现在再买中医书基本就是理法方面的。像张东博士写的元气神机论，它写的是先秦时期的中医，就是《黄帝内经》之前的一些东西。尤其是2020年11月份我买了毛泰之老师的《东方柔性正骨传真》后，我反反复复看了这本书，越来越觉得它的核心思想跟黄帝内针是相通的，比如书上讲到守中致和、感而遂通。中医讲到形而上的部分，都是一样的。我也豁然体会到同有三和体系里的各个法脉理上都是相通的，比如钦安卢氏医学、黄帝内针、五行针灸、圣洁脊柱全息手法、东方柔性正骨，等等。"

"第三点呢？"

"可以说没有大理学习内针，就没有今天我对学医二十年的新认识。首先，短短几天听课加上义诊后，回到卫生院我的病人量就大幅度增加，而且疗效上有明显的提高，真正实现了读成教本科时候老师说的针药结合的中医样子，而且，有些时候针药结合，疗效也更好。"

"其次呢？"

"我去年秋天跟上级提出辞去卫生院院长职务。"

"你干得好好的，年富力强的时候，为什么要辞职？"

"我就想简简单单做一个纯粹的中医。"

张润昌在工作中（摄于 2020 年 4 月）

4. 五年"官位"不留恋，初心召唤践行暖医

张润昌考聘到马登中心卫生院后很顺利，2014 年 12 月至 2016 年 8 月担任副院长，分管临床业务，2016 年 9 月当院长。随着医院行政工作的不断增加，还有国家对农村医疗改革力度的加大，脱贫

攻坚的各项工作，他几乎每天都要参加各种会议，但同时，他想尽量多把时间放在出门诊看病上。由此矛盾就出现了，很难各方面兼顾到。有的患者因为找不到他看病，还打电话问他：张医生你还在当医生吗？他多次因接到这样的电话而自责，甚至失眠。

张润昌的辞职原因是多方面的。院长当到第三年，他的儿子即将十岁了，女儿 6 月份出世，整整十年，他在大理的家、剑川的单位之间两地奔波，探亲次数屈指可数，一般就是一个月一次，最多是两次。当院长期间更忙碌了。女儿刚出生，张润昌的老母亲专门到大理帮助照顾，留下老父亲一个人在农村老家。他感觉对家人的愧疚之感已经不可承受，尤其是对儿子父爱的缺失。

同时，他相亲相爱的妻子，对他选择中医这条路特别支持。他买书，她支持；他工作忙距离远照顾家少，她家里单位两头忙任劳任怨。妻子越是支持，他越感觉自己亏欠家庭太多，这种情况一定要改变。

十年中医骨伤科医院和个体诊所，十年卫生院工作，张润昌历经了做中医骨伤大夫、个体医生、中西医结合医生、副院长、院长。尤其是一年多来，他通过学习黄帝内针，进而接触同有三和体系的各个法脉，张润昌认为他终于确定了要走的路——自己最想成为一个有温度的医生。他不想把自己变成一个冷冰冰的看病机器人。有的医生如果不靠化验检查，就看不了患者的病，他不想做这样的大夫。他对我说："刚刚在你来之前，有一个病人，本身他有支气管肺炎病史，他感觉后背这里有点不舒服和胃脘部饱闷不适。他先去看的西医，大夫跟他说医院照不了 X 光片了，机器临时维修，所以帮不了你这个情况。没办法，他就到了我的诊室，说人家两句话就把他打发了。我给他把脉诊断后跟他说，你是没有走出之前支气管炎肺炎的概念，你现在这个情况并不是因为支气管肺炎，而是因为你长期吃药以后胃不好，中焦的气机没有通畅导致的，要不我开两三副药给你吃吃。然后他就接受了，病人觉得你很关心他。"

张润昌在回答患者咨询（摄于 2020 年 9 月）

"去年 7 月份在大理州黄帝内针骨干班上，助教赖梅生老师告诉我们，要做一个有温度的医生，医生要乐于跟老百姓互动交流，这个很重要。而不是说我给你扎完了，不疼了，好了，走吧，这样没有温度。赖老师反复跟我们强调对病人要多一点关怀。我开始反思一个问题，在医生面前，病人是个弱势群体。而如果遇到一些患者，比如有些妇女，心里不舒服，感觉胸口堵得慌，你耐心听她倾诉，陪她聊聊天，让她把苦水倒出来，引导她将情绪和心态平复，她的状态很快就会变个样子，在此基础上再开方、扎针等，效果会非常好。我理解这也是中医跟西医最大的区别——中医是治疗有病的人，西医是治疗人的病。这么多年，我的看病规矩一直是，无论有多少患者在排队，我都会耐心对待每一个患者。”

张润昌认为，如果继续当院长的话，他应该还会有上升的空间，因为同事和领导都很认可自己。之前他就放弃了一个公开竞聘某市级医院领导岗位的机会，他考虑，首先，院长不可能干一辈子，自己认定一辈子要做的事业是做中医；其次，如果一个人从外地过去改变一家医院，可能需要五年时间。而这五年，自学中医，如果顺利的话，连三和书院的三和班都可以毕业了。他说：“跟院长头衔相比，我更喜欢‘医生’这个简单的称呼。”

于是，在女儿满百天后，2019 年 9 月他提出辞去院长职务专心当一个看病大夫，开始上级不同意，但是他坚持不懈，终于在 2020 年 1 月 19 日得到批准。

现在，无官一身轻的张润昌，在经过多年的曲曲折折终于知道了怎么学好医、当好医生的同时，家庭生活也逐步回归一个常人应该有的状态。自从学习内针以来，他感觉整个人都变得越来越容易静下来，家里面什么事也更看开了，吵架也吵不起来了，以前偶尔也会因为经常和家人不在一起，难免会有一些不同气，现在就没有这个问题了，同气相求了。受他的影响，他的儿子和妻子都开始学习内针，他说目前除了阴阳倒换他们还不太明白之外，其他学的应该还都可以，另外，在心法层面还有很大的提升空间。他儿子甚至利用网络工具做了一个内针学习笔记，每次张润昌打开网页的时候，都笑得很灿烂。最近，张润昌很想参加深圳举办的毛泰之老师主讲的东方柔性正骨学习班，学费过万，对于月工资几千块的他，报名前稍微有点犹豫。当他爱人知道后，毫不犹豫地让他马上报名，还叮嘱他如果尽早报名的话，座位可能会越靠前面，听课效果会更好。他跟我说这段话的时候，眼角湿润了。

张润昌在工作中（摄于 2020 年 9 月）

张润昌说："我媳妇跟我说过，她曾经学过马斯洛的五个层次需求理论，说人最高层次的需要是自我实现的需要。既然我已经选择了这条中医的路，就要一直走下去，肯定会过得很快乐。前几天她跟我说，无论我在什么地方干，都要走好自己的中医路，一家人能在一起，陪着儿女健康成长才是我们想要的生活。"

结束访谈，他站起来，转身望向身后的窗外，正是中秋时节，彩云之南一片晴空，碧蓝无际，白云朵朵。从刚好不惑之年的他的眼中，我读出了一个人的平静、自信、成熟，还有热情和希望。

尾声

兹录张润昌大夫采访中的一些话：

·对内针，可能我不会达到很高水准，但是我很高兴，通过内针，我找到了自己的"中"。

·如果有人愿意跟我学中医，我喜欢带，但是如果他不愿意学的话，我也不会受影响，因为学医的路是很艰辛的。

·跟师，不一定要学用老师那个方。有时候，学做人和明理更重要。

·对于陈旧性脚踝扭伤，我之前都是用外用药喷剂、中草药外敷等，效果往往不好，现在用药前根据筋骨是一对阴阳的个人认识，先用手法理顺筋骨，再用上泡洗的中草药，病人恢复得更快。

·如果病人找你看病，第一时间你给他解除了一部分痛苦，病人就一定会乐意遵医嘱。但是如果你没有很快减轻他的一些痛苦，你用任何办法他并不一定接受。

·这个地方因为好多老百姓都认识我，但如果将来我去到一个很陌生的地方，想快速取得病人的信任，我必须要找一个立竿见影的治疗办法，能够学习到黄帝内针，我很庆幸。

·想学好中医离不开跟明师、读经典、做临床这三条。因为我没跟过明师，我更认为当医生好多东西是在陆陆续续地学中做和做中学，所以还是要感恩我们的病人，因为我们好多东西是从病人身上学来的。同时，学习是一个否定之否定的过程。

·学好中医需要悟性和热爱。热爱第一，悟性第二。有热爱你就会一直朝这个方向走。

·对于读书，我目前的认识是，有时候书不尽言，言不尽意，所以有些东西只能意会，不能言传。现在看书，我不再追求把书的内容完全彻底理解，而是耐心地反复品读，有些时候慢慢地就通了，即使通一句两句也很好，看书更自在、随意，往往更容易看懂，看得进去。

三、临洮出了一个中医鱼旦旦

胆欲大而心欲小，智欲圆而行欲方。

——唐·孙思邈

引子

"（兰州）中医馆坐诊，每天限号 80 个。""90 后鱼旦旦一号难求。"——一个熟悉的兰州中医圈达人朋友告诉我，我没有太在意。"鱼旦旦在临洮县组织的中医公益培训和义诊如火如荼。"——怎么又是鱼旦旦？一个刚走上工作岗位的中医大学生，凭什么能在一个远离家乡的地方掀起了中医热？带着强烈的好奇心，我在到达兰州的第二天上午如约见到了调休中的鱼旦旦本人。

鱼旦旦会见访客中（摄于 2020 年 11 月 22 日）

1. 鱼旦旦名字的由来

　　眼前的他，看上去还是大学生模样，衣着简单，一米七上下，眼神透着机灵，说话很随和。虽然说是调休，但是他的约会不少，在他跟人合租的工作室模样楼房里，除了我之外，陆续来了三个年轻人。鱼旦旦说他们都是喜爱中医的人，其中有自学中医的，有中医博士在读的。他已然成为兰州中医圈的青年高手、取经对象。

　　"鱼旦旦是你的本名吗？"

　　"对，就是我的真名，如果下周一（2020 年 11 月 23 日）你到我单位的话，在医院大门外墙上的专家栏里就可以看到我的照片和个人介绍，没错，就是鱼旦旦。"

　　鱼旦旦，1991 年出生，老家在陇南西和县一个普通山村里，他上面有两个姐姐，当年父母为了躲避计划生育，去了山西，他是在一个窑洞里出生的，自然就成了家里的宝贝蛋蛋，后面起名字时候就改成了元旦的"旦"。

　　长大以后，随着见识增加，鱼旦旦觉得自己惹得众人好奇的名字很好，旦，是个象形字，太阳在地平线上冉冉升起之象；复旦，有两阳合明之意；旦旦，古代指诚实的样子，有个成语叫信誓旦旦。他的一位老师告诉他："两个旦，一个是日出，一个是日落，你要像阳光一样，自始至终给人以光明和温暖。"

2. 从"渣校废材"到代课班长

　　小时候，鱼旦旦是一个非常难管的孩子，整天调皮捣蛋到处跑。九岁的时候，有一次玩过了头，他失去了左手。他不以为意，好像这件事对自己影响不大，收敛了一阵子后，很快又继续玩上了。毕竟年少的他对读书学习、更远的前途命运，好像没有任何概念一样，依然故我。父母对他的未来十分忧心。

玩着玩着就到了高中一年级，改变发生在高一下学期的一天，他在路上碰到了一个初中同学，两人寒暄聊天时，同学对他说："我辍学外出打工很不容易，有时候连饭都吃不上，只能买一包方便面去网吧里过夜，问家里要钱或者借钱张不开口，你还能在学校学习真好。"鱼旦旦看同学身强力壮，四肢健全，出去都混得如此困难，何况是自己？他的心头一阵阵的悔恨和恐惧。自己往后不能再混下去了，一瞬间，他好像突然理解了父母的担忧。

"我记得很清楚，在跟同学道别后，我一边急迫地往回家走，一边从裤兜里面掏出心爱的玻璃球，一把一把的扔到了雪地里，头也不回……当时我脑子里只有一个念头，我必须要改变，必须要考上大学，靠脑子吃饭。"

他是一个想到做到的人。鱼旦旦先是戒掉了以前自己所有贪玩的东西，远离了"狐朋狗友"，然后重新找回了初高中的教材，从头学起，他知道自己文科成绩好，但是数学和英语太差，高一下学期，满分150分的数学，他只考了15分。浪子回头金不换，他发现，当收心到学习上后，一本100多页的地理书，以前就是看不进去，现在只要一天就可以看完了。以前听不懂，看不进去的书，好像也没有那么难理解。

因为鱼旦旦的基础实在太差，他做了两个决定：第一，高一留级一年；第二，制订各科学习计划。他针对自己的短板——数学和英语尤其用功，相对来说，他的英语进步更明显，努力不到一年，他参加县里英语奥林匹克竞赛，竟然取得了非常不错的成绩。

从高一到高三，他都是班长。为了带动全班学习，创造一个学习环境，也是锻炼自己，他借语文老师和英语老师的课，或者在自习时间，给全班同学讲古文阅读和古诗词鉴赏，英语完形填空和阅读，分析高考试卷，制定考试战略，等等。这段当班长和代课的经历，对他是很大的锻炼。"大学毕业八年了，高中同学们依然都对我记忆深刻。那确实是一段难忘的岁月——我人生的转折期。"鱼旦旦望着窗外说。

鱼旦旦大三时杭州游览留影（摄于 2014 年 5 月）

3. 两次高考才走进中医学院大门

鱼旦旦高考参加了两次。第一年，他考了 460 分，全年级第一名，但是连二本线还不够。他分析原因，认为是自己基础太薄弱，学习方法不对，再加上内心焦躁等问题导致的，他决定复读。第二年，他考了 514 分，如愿考入甘肃中医学院（现在的甘肃中医药大学）中医系，就读自己喜爱的中医学专业。考虑到家里经济情况，他最终成为一名中医免费医学定向生。

"你高考第一志愿就是中医吗？"

"第一年不是，我当时想读农学，第二年才报考的中医。"

"为什么前后不一样？"

"当时对专业不了解。想读农学是我天性中爱玩的因素吧，我喜欢动植物，栽花种草，园艺养殖。想读中医主要是因为当时母亲经常身体不好，自己也高烧一次，久咳不愈，跟大人去看病，求医无门的感觉很难受，自己想争一口气。同时，我印象里西医对很多病办法不多，效果也不太好。

"当然也有家里长辈们的影响，我的外祖父和父亲都曾经学过医，那时候，他们既给人看病，也给牲畜看病。受家庭熏染，从小我就会给人打针输液，出诊看病，诸如猪马牛羊鸡鸭啥的都看。家里有医书，我经常翻看，也背诵过一些汤头，跟父亲谈过一些中医，当时也有老师劝我去读西北师范大学，不过我还是把志愿都填成了中医学院，现在想来自己的决定是正确的。

"我不太喜欢干那些照本宣科、按部就班的工作，我觉得中医看病很有挑战，也很有趣，确有疗效，又能帮助到别人，也能很好地解决生计。'父母危困，赤子涂地，无以济之，何孝之有？'学中医，可以上疗君亲，下救贫贱，中保身长全，是个很好的职业。"

上大学以后，鱼旦旦好似如鱼得水——一开始他天真地以为只要不学数学，什么课都不成问题，他也确实成绩优秀，同时，他积极参加各种社团，竞选干事，当班干部，忙得不亦乐乎。大一军训结束后的一天下午，他在校园内的地下书店里看到了一本《新生中医入门》，里面谈到了对中医的一些基本认识和学习方法，书中提到《名老中医之路》《思考中医》，评价很高，说两本书都强调经典和师传的重要性。随后他买到了《思考中医》，又去大学图书馆借来《名老中医之路》，仔细阅读，他深受震动，感佩莫名。

他说："跟很多读过刘力红老师《思考中医》的人一样，我读了后，也是深受启发，其中树立正确的认识、师承的重要性、刘老师对中医很多问题的思考、对传统文化的认识，等等，让我很着迷。至今想起来，仍心生感激。"

鱼旦旦读《名老中医之路》，第一篇就是讲的岳美中先生——《无恒难以做医生》，想到老先生当年那么差的条件也可以成为一代名医，何况自己现在的条件？他又一次深受感动，眼泪直流。他如饥似渴地一篇篇读下去，当时恰逢国庆期间，他索性不回家了，扎在图书馆里用七天时间把全书通读完，还做了一些笔记。

他说："这些书给我很大触动，让我初窥中医治学的门径，认识到非扎根经典，勤学苦练，持之以恒不可。并且，我也隐约感到学院式中医教育可能存在问题，似乎不完全符合中医传承的规律，要想学好中医，我可能要走自己的路。"当大部分同学还在对五年大学之旅发懵的时候，他已经又一次准备"特立独行"了。

2016 年大学毕业与同学合影留念（左为鱼旦旦）

4. 一场病催生出一个中医"奇葩"

大一下学期，一次意外的生病经历让鱼旦旦对中医教育现状有了真切的体会。有一天下午，在操场锻炼后的他，浑身热汗，恰好朋友打电话过来，他站在操场门口接了半个小时的电话，热汗冷风，他没有在意。回到宿舍后，到晚上他感到全身紧巴巴的，痛楚难当，随后又热又痒，不出汗，难受得他一连吃了三四个梨，一夜辗转搔抓，好不容易捱到天明。

第二天一早正好有中医基础理论的课，课间他迫不及待地去求救于老师，请求开个方子，老师看着他渴望的眼神说："哎呀，我治不了这个（病），我是讲课的，你要找专门看病的大夫。""这让我很失望，同时也让我警醒，我开始愈加怀疑大学的中医教育。"无奈的他，第二天终于坚持不了了，去学校外面找了个诊所输液，几天后总算搞定。

鱼旦旦认识到要想当个能治病的中医，若只靠这样按部就班，老老实实上课，当个成绩优秀的学生，走下去肯定行不通。他开始留心打听高人，希望找到真正的老师，能给自己领路的人。同时他决定要舍掉一些东西，第一，放弃大一时期的学霸目标和地位，主动从优秀学生行列退场；第二，减少各种与中医学习无关的社团活动，辞去班委职务。

大二上学期，他有幸遇到了能给自己答疑解惑的授课老师——王小荣老师。"当我去问王老师我想学好中医，该怎么学时，老师的回答很简单：'想学好中医，就得从《黄帝内经》《伤寒论》等中医经典入手，考试60分就可以。'"学中医就这么简单吗？他想起了之前看《名老中医之路》的体会，当天下午他就买来了《黄帝内经》《伤寒论》《金匮要略》等书，开始了每天的经典诵读和学习。

"其实我的心里早就有了答案，我只是想亲耳听到一个我相信的过来人，亲口告诉我，确认一下，中医就该这么学。"

"读经典感觉枯燥吗？"

"一开始特别枯燥，我用的就是老师介绍的原文，不看解释，很多字不认识，也不知道句子是什么意思，但是我就坚信一点，经典里面一定有价值，我咬牙坚持，念到喉咙都哑了，后来我发现《伤寒论》相对好学习一些。慢慢地，边读边抄写，对书的内容就逐步理解了，很多方子没有专门背诵也记住了，也感觉不到枯燥了，当心生欢喜，学习兴趣就更足了。至今，这几本中医经典我都不记得已经翻烂了几本，买过多少本了。"

也许是上天的眷顾，有一天，来鱼旦旦家里串门的姑姑说心烦睡不着觉，睡觉时候要全身蜷起来面对墙壁才能睡着，他感觉症状跟黄连阿胶汤证很符合，于是开了两副药，亲自去镇上抓药回来熬好后，看着姑姑喝下。结果，第二天，他姑姑反馈药喝下去从晚上十点一直睡到第二天早上五点。后来姑姑就彻底好了，给了他200块钱，说他中医没白学。鱼旦旦深受鼓舞，从此他无论在学校还是假期回老家，抓住一切机会给同学、亲戚、乡亲们看病，学用相长，乐此不疲。

用是最好的学，针灸技术就是他在看病中学会的。当时，他还没有上过针灸课，但是，他深刻认识到如果不会针灸，在农村基层是很难看病的。因为如果从摸脉、开方、抓药、熬药、服药，反馈效果，需要的环节和时间太多，而且农村很难买到中药。此外，还有不少疾病，比如各种颈肩腰腿方面的痛症，就是针灸的长项。

他一方面找机会去大学附属医院看大夫怎么扎针，一方面就从背诵《玉龙歌》《标幽赋》等针灸歌诀开始。有时候想不起来怎么扎针了，就把穴位图谱拿出来照着扎，甚至跑到厕所看手机上拍的穴位照片，或者百度一下，再跑回来继续给患者扎针。效果好就精神抖擞，再接再厉，遇到效果不理想的，看书劲头就更足了。只要能给人看病，他愿意付出任何努力。

"从大二开始，我的寒暑假一次三十多天，回到农村后在家时间基本上连一个星期都不到，我是看了张家，又到李家，挨家挨户给老百姓看病，天黑了就住在人家。那时候我充分体会到了李可老先生在《李可老中医急危重症疑难病经验专辑》自序里写的'现学现卖，急用先学，白天诊病，夜晚挑灯翻拣资料，读书明理……'的状态。"鱼旦旦说。

鱼旦旦与祖父以及来探亲的姑婆合影（摄于 2015 年夏天）

5. 开汤药救回祖父一"方"闻名

很多中医大学生说想学中医，但是苦无看病机会。鱼旦旦并没有这个问题，不仅是各种常见病慢性病，他甚至面临过多次独自面对疑难重症的考验。最具挑战的一次是救治他祖父的经历。

鱼旦旦在兰州正式坐诊（摄于 2019 年 5 月）

那一年，80 岁的祖父因严重的肺心病被送往县医院，家人被告知已经回天乏术，只得把老人拉回家中。在一家几代人围着祖父不知所措的焦灼时刻，鱼旦旦摸脉后认为可以用破格救心汤"死马当活马医"试一试，征求过父亲、叔叔等长辈们的意见后，他胆大心细地开方、熬药、喂药，胃气已经显示衰败之相的祖父频频打嗝，喝了半纸杯药后安静地睡着了。鱼旦旦一直陪伴在祖父身边，恰逢午夜，他发现祖父的脉象趋好，就鼓励家人只要祖父睡醒过来就继续喝药，少量频服。

第二天，之前已经一周没有睡过觉的祖父醒过来了，气色明显好转，而且还主动提出想吃饭，他知道祖父胃气恢复过来了。中午，老人自己披上衣服下床，走到外面坐了一会儿。晚上，就可以盘腿跟家人一起正常吃饭了。第三、第四天，基本就恢复如常了，甚至连之前每天喉咙发出的"呼噜噜"的痰声也消失了，连困扰祖父多年的皮肤病也好了。后来，鱼旦旦逐步认识到，很多复杂病、疑难病是因为真阳虚衰无力运行所致。此后，祖父又平稳生活了两年多。

经此一"役"，鱼旦旦起死回生的名声在十里八村传扬开了，不仅是农村人，甚至有城里人也来找他看类似祖父"只剩半条命"这样的病。

6. 兰州一号难求的 90 后坐堂医

从大二开始，除了完成大学的必要学业之外，鱼旦旦几乎把大部分精力投入自学中医和看病上。他在大学本科毕业后参加规培的第三年，如愿拿到了医师资格证，注册成为执业医师后，受邀到一家兰州市内的药店坐诊。

药店看他年纪轻轻的样子，一开始抱着试试他的态度，没想到，第一天上班，就有 33 个患者来找他看病（从大二到毕业后规培这几年，一直有人找他看病，积累了大量病人），药店的人都看得惊呆了。后来，每天患者越来越多，最多的时候，一天一百多人，药店需要配备三四个药师一起给鱼旦旦抓药。没过多久，一家国内知名老字号中医馆找到了他，也请他去坐诊，这样他就更忙了。

在兰州出名之后，鱼旦旦的"脾气"也见长。有一次，他察看了药柜的中药饮片后，对医馆负责人提出更换中药房一些他不认可的药材，他无法接受患者抓走的是不符合自己要求的药材，交涉不见效果后，他甩给对方一句话："不更换，就不出诊了。"逼得医馆投资方亲自出面来一起协商解决这个问题，他还是话不改口："首先，吃药人命关天，必须重视；其次，方子署着鱼旦旦的名字，吃了无效，或者有问题，我要负责任。如果干中医没有敬畏心，就不应该做医馆。"结果，他亲自监督整改直到自己满意。

之所以他对药品质量如此重视，是因为他认为医药不分家，二者唇齿相依。他克服大学里中医、中药两个专业分科教学的困扰，除了中药炮制他没有专门学过，中药学、中药鉴定学等科目他都自学过。同时，为避免理论与实践脱节，他还特别从一位在一家医馆药房抓药的大学校友那里经常购买各种中药饮片，每味 8g、10g，他对视、触、闻、尝过的最常用的百八十种中药的辨识品质、等级等有了基本掌握。

真正考验他的，是三年规培之后的第一份工作选择。按照常理，他应该回到西和，履行完定向生的应尽责任，他也希望回报家乡。八年医学学习和历练，他跟大多数学子一样渴求一个更适合自己发挥的理想平台。他徘徊在兰州与西和之间。来自定西市临洮县的中医人才引进举措，给了他一个新的选择，2020 年 5 月，他正式成为了临洮县洮阳中心卫生院的一名中医大夫。

7."城关医院来了个厉害中医"

作为新中国成立后临洮县最早的一家医院，临洮人更习惯把洮阳中心卫生院称作城关医院，这是鱼旦旦大学毕业后正式入职的第一家单位。

临洮县城关医院（摄于 2020 年 11 月 23 日）

到临洮前为了跑工作调动，鱼旦旦主动停诊了几个月，他之前在兰州等地的患者闻讯他重新在临洮城关医院出诊，纷纷驱车赶过来求医。两周之后，他的门诊量越来越大，几乎天天接诊七八十人，甚至上百，全院上下称奇，刮目相看这个年轻的小伙子，也难免有类似"他在炒作自己"这样的风言风语。

此时的鱼旦旦早已经不是八年前那个只想考上大学，当个大夫养活自己和家人的鱼旦旦了。一年多前就已经达到日诊百人的他，每天心无旁骛。他一边紧张忙碌地出门诊看病，一边想办法了解临洮县中医队伍现状。他不满足于做一个早八晚五的一方名医，在目前国家和政府大力支持中医药发展的大好形势下，面对基层中医力量积弱已久的现状，他认为大家好，才是真的好，他要影响、带动出一批临洮县的"铁杆中医"。这也是回报临洮县人民对他的知遇之恩。

"刚走上工作岗位不久的你，凭什么有这么大的抱负？"

"凭两点，第一，我到临洮前的七年临证经验，而临洮百姓也初步认可我这个年轻大夫的中医水平，尤其是我选中了自己自学践行两年多的黄帝内针疗法——我认为'黄帝内针'是一把能迅速打开局面的金钥匙；第二，作为临洮县引进的优秀中医人才，以及我到临洮后病人蜂拥而至的情况，我得到了县委、县政府领导的信任，以及我们城关医院尤其是院长的大力支持。"

经过认真细致的思考后，在请示上级批准后，鱼旦旦决定先做黄帝内针义诊。他认为这是"一石二鸟"的好办法——一方面，在众目之下，通过黄帝内针立竿见影地缓解病人的痛苦，让人迅速建立对中医的信心；另一方面，给医务人员尽可能讲解中医及内针的理法——在授患者以"鱼"的同时，授医生以"渔"。

鱼旦旦单枪匹马的黄帝内针义诊活动很成功，他说一天义诊下来，23个人扎针，只有一个患者现场反映效果不太明显，让在场的人大开眼界。县委书记石琳全程热情参与。

2020年7月6日石琳书记在健康扶贫
黄帝内针基层义诊示范教学活动（大石镇站）中讲话

据临洮县融媒体中心"看临洮"2020年7月7日的报道："7月6日，健康扶贫黄帝内针基层义诊示范教学活动走进太石、辛店两乡镇，活动邀请青年中医鱼旦旦现场开展义诊示范教学。县委书记石琳参加活动……通过今天的义诊示范教学，希望能唤醒全县上下医务工作者的责任感，找到为老百姓解决病痛的途径，让更多的老百姓相信中医针灸技术……下一步，县上将举办若干期培训班，让乡镇卫生院医生、村医和有资质开诊所的大夫都能掌握中医针灸这门技术，力求培养出一支中医针灸队伍，减轻疾病给老百姓带来的痛苦。"

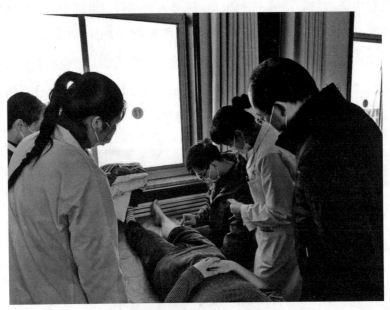

鱼旦旦在工作中（摄于2020年11月23日）

8. 从自学践行到针灸老师之路

"你为什么选中自学的黄帝内针作为打开临洮人心扉的钥匙？"

"因为它简单易学，效果立竿见影。安全又速效。就这么简单。"

"你之前没有参加过任何内针学习班，你为什么有这么大的信心？"

"因为我自从接触上黄帝内针后就一直在用，通过患者的疗效建立了信心，我认为信心就是这么来的。当然，内针的理法深深扎根《黄帝内经》，深刻体现经典的力量，是我非常喜欢的。"

鱼旦旦最早接触黄帝内针的过程非常简单。2017年夏天的一天，他听说同为甘肃中医药大学毕业生的王昇武大夫（同有三和基金会三和书院医道传承项目一届学员）会一门很特别的针法——"有效果，很快。"——好奇心驱使他去旁观怎么扎针，并亲身体验了一次，在打听到针法名字是"黄帝内针"后，直觉告诉他这门看上去不同的人扎的穴位很相似，同时扎针很少的独特针法，值得深入了解下。他立刻去买《黄帝内针》，当拿到书后，非常激动，几乎是一晚上他就看完了书。学了就要用，但是他初学乍练，一会儿忘记了导引，一会儿忘记了揣穴（找阿是），他不断地试验、练习，越用他越惊喜，效果出乎意料，"偶然遇到"的黄帝内针终于补上了自己心念已久的针灸短板。后来，他把几个月用过的五六千克针灸针拎到了甘肃中医药大学附属医院做了无害化处理。

7月13日，为期一个月的临洮县黄帝内针全脱产培训班（第一期）开课，全县18个乡镇卫生院选拔出13名学员，由鱼旦旦主讲和带教。他一个助教或者连助手都没有，讲义也是他利用每天下班后晚上休息时间略显仓促准备出来的。他的教学方法也是无师自通——上午诊脉开方、扎针带教，下午集中理论学习。

2020 年 7 月 13 日临洮县第一期黄帝内针培训班开班仪式（主席台右三为鱼旦旦）

　　2020 年 8 月 6 日"看临洮"报道："8 月 5 日，临洮县委、县政府引进的优秀人才鱼旦旦医师带领县黄帝内针培训班第一期学员分别在县人民医院、县中医院开展义诊活动……据了解，当天共义诊患者八十余人次。"

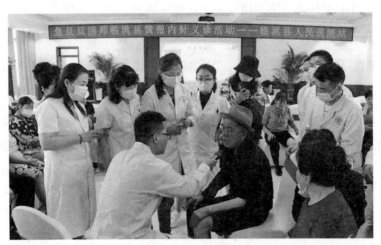

2020 年 8 月 6 日临洮县黄帝内针第一期培训班学员在县人民医院开展义诊

在 8 月 10 日举办的 500 人参加的临洮县首届中医药发展大会上，首期 13 名黄帝内针学员正式结业。

2020 年 8 月 10 日首届临洮县中医药发展大会成功举办

经过一个月的总结经验和准备，2020 年 10 月 18 日，临洮县黄帝内针全脱产培训班（第二期）开课了，这次从全县县中两院（县人民医院、县中医院）、18 个乡镇卫生院和村医中选拔出了近 30 名学员。为了办好这次培训班，鱼旦旦在学员选择、开班仪式、课程设置、考核结业等方面下了更多工夫，培训成果也更明显。欣慰的是，他从第一期学员中选拔了几个优秀学员作为自己的助教，他可以稍微轻松一些。经过半个月培训，11 月 2 日学员们在县人民医院举办了黄帝内针义诊，县人民医院学员吴主任说："大体（接诊）95 ～ 100 人，除 2 个人效果不好外，其余人我挨个问了，个别患者调了针，总体都有效果！"

2020 年 10 月 18 日临洮县第二期黄帝内针培训班开班仪式

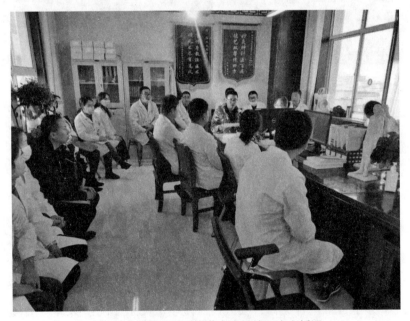

鱼旦旦在临洮县第二期黄帝内针培训班上授课

　　为了让临洮县更多的人了解黄帝内针，让中医药文化走进校园，2020 年 11 月 4 日和 2020 年 11 月 8 日，鱼旦旦带领第二期内针培训班学员分别去临洮中学和临洮县文峰中学做了义诊，先后服务了

120 人次和 200 多人次，获得了师生的普遍好评。

2020 年 11 月 24 日城关医院张正文院长来找鱼旦旦谈工作

9. 临洮中医热后的鱼旦旦

在 2020 年国庆节前，鱼旦旦在城关医院领导和同事的大力支持下，完成了黄帝内针工作室的特色针灸科室建设。

患者在鱼旦旦诊室外候诊（摄于 2020 年 11 月 23 日）

鱼旦旦诊室外（摄于 2020 年 11 月 23 日）

鱼旦旦说，随着第二期黄帝内针培训班进入尾声，他计划适度延长学员结业时间，他要去 30 多位学员的工作单位实地看一看，既是巡视，也是带教。除了对每个学员提交的结业总结，他挨个仔细阅读，手写意见，拍照回复外，他还要掌握第一手的现场观摩体会。学员择机结业，对优秀学员予以表彰，他还要把优秀的学员组织起来，建立常态化学术交流机制，帮助有想法、有能力的学员把内针更深、更广地扎根和推广，让内针之花开遍临洮，香飘定西市，甚至更远的地方。

11 月 24 日中午 12 点，我正在采访鱼旦旦，城关医院张正文院长带人来诊室找他，商议黄帝内针工作室建设和宣传工作的下

2020 年 8 月鱼旦旦被评为定西市
第三届中国医师节"优秀医师"

一步部署。现在，鱼旦旦是城关医院的副院长。8月份，他被评为定西市第三届中国医师节"优秀医师"。他也成为了临洮县中医药人才发展领导小组成员之一，肩负起更多研究、推动全县中医药事业发展的责任。

有人说鱼旦旦"坐火箭上天了"，但是他笃信"关系是干出来而不是攀缘来的"，没有飘飘然。他说，多年学习、寻师访友的经验告诉自己，他还非常年轻，还很浅薄，欠缺的还很多，"人外有人，天外有天"。

接下来的3～5年，鱼旦旦说要继续以学习和成长为主要任务，他要在临洮半年工作的一点成绩和经验基础上，踏踏实实做好两件事：第一，每天雷打不动的半天临床诊疗工作；第二，与全县关心支持中医药事业的同仁携手努力，在黄帝内针两期培训班开创的良好局面基础上，继续把中医药事业做大做深，形成可持续发展，希望能为临洮县中医药事业发展的新局面尽一份力。未来的路还很长，他要戒骄戒躁，一步一个脚印，更踏实、更稳健地去做、去担当、去努力。他的话中，有一种似乎与年龄不符的东西，但是，他的眼神是热情、有力的。

鱼旦旦在诊室中接受采访（摄于 2020 年 11 月 24 日）

尾声

<u>鱼旦旦也有后顾之忧。</u>

首先，他有个越来越迫切的心结，至今自己都是靠自学黄帝内针、自己摸索着办培训班，但是想在基层把黄帝内针推广工作做得更好，必须跟黄帝内针学会（筹备中）和同有三和基金会三和公益行项目组联系上。之前在兰州，他只是了解到同有三和基金会开设有按年度招生的公益性的三和书院医道传承项目，并不知道有黄帝内针基础班和进修班以及类似山西忻州、云南大理、甘南等黄帝内针公益培训学习机会，他想尽快补上这块短板。

其次，自己即将迈进 30 岁，同为校友的女友在兰州工作，二人即将考虑成家，他走到哪里都要带在身边的父母亲，自己工作忙碌无人帮助照料，三十而立，他作为一个丈夫和儿子何以立？

2020 年 8 月 6 日鱼旦旦到临洮县三个月后终于与父母团聚

再次，他考虑得更多的就是基层中医待遇普遍很低，黄帝内针等纯中医技术还没有得到足够的重视，哪怕是专项支持，目前看他只是尝试部分解决了医患对中医的信心，这是中医药事业发展的第一步而已。他还需要在日常诊务、临床带教、会诊教学等繁忙工作之外，去争取更多的政策和财政支持等。

结束采访离开临洮前，鱼旦旦带我沿着黄河主要支流洮河走了一段，河面不太宽，50米左右，初冬的水量不太大，但是水势含蓄着磅礴之力。他说："我喜欢大自然，看着河水，你会体会到很多，甚至对于理解脉学，都很有帮助。"我望着流走的洮河水，想起了他说自己第一次的高考志愿是农学。在兰州，他也说过："读毛泽东传记，对农村包围城市的战略印象深刻。"

鱼旦旦在洮河（摄于 2020 年 11 月 24 日）

附录

1. 九问中医鱼旦旦

（1）人说学习中医需要悟性，你怎么看？

我的理解就是毛泽东主席说的"实事求是"，独立自主地去干、去做，不干出来，什么都没有。真正的悟性就是做人，就是德行。

所谓"君子三达德"——智、仁、勇，如鼎之三足，缺一不可。搞中医，要有"智仁勇"。

（2）老师如何帮助学生尽快升起中医临证上的觉受？

首先，"掉书袋"相对容易，但老师要尽量避免只是引经据典，而要做到通俗易懂地解说，讲自己有感受、有体会、接地气的话。其次，要让学生尽快升起觉受，一定要有感知，虽然说文以载道，但是文字并不是道，如果拘泥于文字，文字就会成为一种障碍，要透过文字去行动，经验和感知。再次，从我个人经验来讲，四诊中脉诊很重要，微妙在脉，不可轻视，要重视脉法的学习。

（3）大学的王老师等老师对你的成长影响有多大？

影响很大。一方面，我非常感谢王老师以及后来自己遇到的各位老师，他们对我的明敲暗拨让我很受启发，同时指点我，教会我如何做人做事。有时候，尤其是初期，遇到一些坎儿的时候没有老师在身边，自己可能会撑不住。老师几句话，或者仅仅是陪伴，就会把你带过坎儿去。另一方面，我并没有把自己的学习完全寄托在任何一位老师身上，俗话说"师父领进门，修行在个人"。比如，虽然我跟王老师七八年了，但是我主要是本科期间断断续续去跟诊过，算起来迄今跟诊抄方一共没有两个月时间，跟王老师讨论的方子也不过几张。更多的是跟王老师聊天，或者一起出去玩，我觉得这也是跟师的一部分。

（4）对刚走出校门的中医大学生有什么建议吗？

第一，选择平台很重要，但是要记住，打铁还需自身硬。不要眼高手低，先扎扎实实地把中医学好。不要觉得中医没用，很多时候是自己的水平问题。建议工作方向是，哪里有病人，哪里需要你，就去哪里，这样你才能练出来，有病人的地方，你才能真正学到东西。

第二，一定要重视学习经典。建议就是《黄帝内经》《神农本草经》《伤寒论》《金匮要略》等为主的，加上一些比较好的书籍，比如《名老中医之路》这本书，还有刘力红老师的《思考中医》，等等。

第三，不要只是在医里学医，要积极融入生活，到大自然中去体会和理解，医外求医。

（5）做了两期黄帝内针公益培训班后，你总结出什么经验吗？

从选人、教学、培训、考核和结业来看，我有很多具体的经验和体会。比如第二期授课的内容量上比第一期大得多，可能有部分学员理解尚有些难度，将来需要做出部分调整，我也把第一、二期培训班讲义和学员心得、作业等做了初步的整理。我想，这些都是值得认真总结的。

（6）有机会你希望跟黄帝内针法脉联系上吗？

当然希望。我毕竟是自学的黄帝内针，虽然目前看两期培训下来，近五十位学员状态都不错，但是从自学到教学，都是靠我一个人摸索着走过来的，从授课内容到办班流程、学员管理等不少地方，一定有一些自己忽略和不明确的。我希望有机会早日拜谒杨真海、刘力红等老师，给我一些个性化的指点，包括对黄帝内针法脉的了解，做黄帝内针公益培训班经验交流和指导，等等。

（7）如何理解发展中医药事业需要守正创新？

我也一直在思考如何在不改变中医的根本理法的基础上更好地创新。兵法里就有守正出奇，《孙子兵法》云："以正治国，以奇用兵。"兵法里面取胜不是靠奇，首先是守正。比如将帅兵卒之间是否和睦，"主孰有道？将孰有能？天地孰得？法令孰行？兵众孰强？士卒孰练？赏罚孰明？……"。守正应该是守好各个行业的原则、规范、守道。"守正"也类似佛学中的戒律，戒律是规矩，但不是束缚，一开始的时候，必须有规矩，有法度。到了一定程度，就是法外有法，如果真正理解了正，守住了正，才能更好地出奇，法无定法，这也就是创新了。我给临洮县的黄帝内针班学员不仅讲内针的理法方针，也会讲一些我所学、所想的《内经》《伤寒》等经典的内容，我尽量不用引经据典的条文式、PPT（演示文稿）式方法，而是希望用通俗的、大众耳熟能详、有感觉的方式来讲。简单地说，创新是为了更好地守正，守正其实是守住自己。

（8）分享一句自己的中医座右铭？

前贤有言"上士闻道，勤而行之"，坚持不懈固然非常重要。但方向比努力更重要，方向明确了，必须全力以赴。

（9）你的目标是做个什么样的人？

一个真正会看病的大夫，同时，不能仅仅会看病而已。要做有趣、会生活、有灵魂、有责任、敢担当的人。

2. 鱼旦旦微信朋友圈摘录

"我有一个梦想，基层中医，中医的根，可以得到保存和发展，只有根深蒂固，才能枝繁叶茂，人民需要中医，基层更需要好的中医……"（2020年6月27日）

"争取带出一批能独当一面的骨干力量。星星之火，可以燎原。针道渊微，仁者得之。准备陆续开班4～5期，先培养100人左右内针人才队伍，服务基层……"（2020年7月14日）

"一个月前自己一个人义诊两场，半个月后就有13个人一起团队作战，我成为观战指导员了，其中甘苦自知。"（2020年8月1日）

"看临洮"微信公号文章《鱼旦旦医师带领临洮县黄帝内针培训班第一期学员在县人民医院、县中医院开展义诊活动》（2020年8月7日）

"黄色的树林里分出两条路，我选择了人迹更少的一条，从此决定了我医生的道路。"（2020 年 8 月 24 日）

"不管外在多么的复杂喧闹，都要守住内心的一份平静，不忘初心。"（2020 年 9 月 25 日）

"医生没有回天之术，真正的回天之术是靠自己，靠你的文化修养去涵养它。真正的救人，是教他健康生活的方法。"（2020 年 11 月 3 日）

"一周多的时间，黄帝内针二期学员先后在县人民医院、临洮中学、椒山中学、文峰中学做了较大规模义诊，今天又去了交警大队，五次义诊活动，受益人数有 700 ～ 800 人……"（2020 年 11 月 10 日）

四、李玉宝：从藏医药专家到中医针灸高手

成功，大多源于高于常人的欲望；而长久的成功，则源于剥去一层层的欲望，只留初心。

——六六

引子

李玉宝是谁？过去的一年多，我常听三和公益行负责人燕姐提起"甘南李玉宝"这几个字，看她微信上传过来的李大夫诊室照片，

甘南藏族自治州藏医医院（摄于 2020 年 11 月 25 日）

四壁挂满锦旗，患者满满一屋子，一个地广人稀的少数民族地区，何以至此？2020年11月下旬，一场雪后，气温骤降，我带着好奇和疑问首次踏上了甘南的土地。

1. 李玉宝其人

位于甘肃省甘南藏族自治州合作市内的甘南藏族自治州藏医医院还有一块牌——甘肃省藏医药研究院。上午8:45，在医院大门处做过疫情防控所需的扫码、登记后，我走进了医院门诊大楼，一楼大堂人不多。乘电梯到三楼，就能看见一条长长的走廊，中间位置有一间诊室，门头写着"藏医体质辨识诊室"，门开着，四五十平米，已经坐有20位左右候诊者，都戴着口罩，墙上锦旗密密麻麻，李玉宝大夫的诊室应该就是这里了。

李玉宝诊室外观（摄于2020年11月25日）

几分钟后，身材修长、戴着茶色眼镜的中年模样的李大夫进入了诊室。他一边穿白大褂，一边跟我简单寒暄后，就开始了他的日常诊治工作——主要就是给患者扎针灸、开藏药。患者越来越多，诊室内三排椅子几乎没有了空座位。两个穿白大褂的小伙子，应该是李大夫的助手，提前给患者做手臂消毒，准备、更换针灸针具、维持诊室秩序，等等。一上午时间，我一边拍摄，一边找机会采访患者、李大夫的助手和他本人。

李玉宝，今年48岁，名字听起来好像汉族人，其实他是纯粹的藏族人，他的藏文名字叫达瓦，据说是月亮的意思。他自甘南藏族自治州夏河县桑科小学毕业后考到夏河县的藏族中学，学习了藏文，初中毕业后考上甘南卫校藏医班，4年以后参加工作。工作以后，他先在兰州的西北民族大学临床医学专业系统学了3年的西医，然后又读了甘肃中医药大学藏医学院的本科。2019年9月初，单位安排他参加了为期7天的同有三和基金会与甘南州卫健委联合举办的三和公益行活动（4天黄帝内针公益培训班+3天义诊）。

李大夫从卫校毕业进入藏医院药房工作，到成为门诊大夫、藏医药研究所副所长、副主任医师，至今已28年。

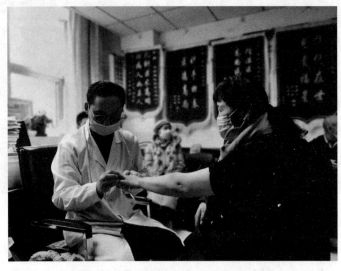

李玉宝工作中（摄于2020年11月25日）

这天上午，走进诊室的患者络绎不绝，坐轮椅来的就不下三四个。爆满的李大夫诊室，患者性别男女都有，年龄从20多岁到六七十岁，藏族、汉族、回族装束，甚至还有一位相貌庄严、手持念珠的老者，60岁左右出家人的样子。近12点半了，看过70个患者后，李玉宝终于可以得空坐下来喝口水，跟我聊几句。"我学医没啥特别的原因，学医经历也很普通。"李玉宝说自己没有什么好介绍的。李玉宝的如此"普通"，令人愈发想一探究竟。

2. 部分患者、学生口中的李玉宝

（1）患者李女士：2016年我曾经在成都检查出有子宫肌瘤、巧克力囊肿，腰部疼痛难忍，之前也在成都治疗过，效果不满意。后来说要做手术，我认为自己还年轻，不想切除子宫。之前自己是不了解藏医院的，最开始是抱着试试看的态度来的。2019年11月经人介绍，我开始来李大夫处治疗，方法是扎针灸（黄帝内针）和服用藏药，前前后后三四个月，再次在甘南州藏医院B超检查，子宫肌瘤和巧克力囊肿都彻底消失，腰痛也好了。当时我自己还不相信，

采访李女士（摄于2020年11月25日）

又到甘南州人民医院做 B 超检查，结果显示一样。而且，我的大姐也是腰痛，到成都很多医院检查，结果不明。我介绍她专程来甘南治疗，治疗方法跟自己相似，历时半个月左右。她原来每天晚上只能入睡 1 个小时，接着就得更换姿势继续睡觉，不然腰痛受不了，治疗 1 周后就可以一次睡四五个小时，现在腰痛已经好了，一觉到天亮。今天我是自己要来开点药，同时带好几个朋友来李大夫这里看病，迄今已经介绍二三十个患者来过，效果都很满意。李大夫医德好，对患者耐心，特别好。

（2）患者田女士：47 岁，合作市人。患有 18 年类风湿病，离不开甲氨蝶呤等药物，在兰州等地多次住院治疗，也是经人介绍从 2020 年 7 月开始在李玉宝大夫这里治疗。初期用过很短时间的藏药，后单独使用针灸治疗，一天一次，后改为两天一次，效果非常满意。今天来找李大夫开藏药，顺便做常规治疗。

采访田女士（摄于 2020 年 11 月 25 日）

（3）学生多吉南杰：男，大学学历，今年 25 岁。他听说李大夫扎针效果特别好，就从 2020 年年初开始来诊室学习。因为患者特别多，而且越来越多，平时以做发号、拔针等助手工作为主。个人感觉，黄帝内针这门针法，施针安全，进针位置都在肘膝以下，同时易于掌握，不讲究提插捻转手法，效果也很好。不仅擅长治疗各种常见痛症，对中风等各种疑难杂症等也有奇效。

其中有一个患者，九岁的回族小男孩，肌无力，被人从兰州介绍来的，北京大医院检查，肌酸激酶指标 8000 多 U/L，是常人的几十倍，被医院下病危通知。现在治疗一两个月，可以拉着站起来了。因为该小孩肝功能检查指标异常，所以李老师只用内针，没开藏药。

有一个我们当地政府的领导，双侧耳鸣将近 10 年，很严重，伴失眠，去了很多地方，甚至到北京看过。来找李老师扎针 2 个星期，耳鸣消失，别人说话就可以听清楚了，睡眠也改善了。

还有一个本地的回族成年男患者，因工作不慎导致严重腰腿痛，先后到西安、兰州等地医院，花费一两万，效果不理想。经人介绍第一次来治疗，李老师一针下去就不痛了，后来加了两针，彻底好了，当时周围的人以为他是医托。

在跟李老师学习的过程中看到老师用针灸结合口服藏药治好了许多疑难杂症患者，也更加坚定了我学医的信心。

采访多吉南杰（摄于 2020 年 11 月 25 日）

3. 从藏医药专家到中医针灸高手

自从参加黄帝内针公益培训班之后，李玉宝从对中医针灸知之甚少，到临床工作中逐渐把内针和藏药结合起来使用，形成了自己的中藏医结合治疗特色。

李玉宝认为，在目前的医疗环境下，内针几乎适合用于任何一种疾病，比如脚扭伤、痛风、头痛、失眠、焦虑、抑郁等，效果非常明显，尤其是结合口服藏药效果更好。

李玉宝工作中（摄于 2020 年 11 月 25 日）

问："可以举例说说吗？"

答："有的痛风患者，抬着来的、拄拐来的，治疗一次后就可以自己走着回去。效果之快有时候我自己在操作之中都感觉非常惊讶。心中就对杨真海老师感恩不尽，他这种打破一脉单传，提升中医声望，造福大众的胸怀，让人无限崇敬。"

问："据说你的患者中脑梗病人比例不少？"

答："参加内针公益班以来，脑梗病人我治疗几十个了，这个病看起来很累人，也很需要时间。有几个病人见效很快。我治疗脑梗，效果最好的一个患者是从外地来的，他在省城兰州住院治疗了20天左右，他听说我这里就直接过来了，效果比较快，没几天就可以活动患肢了。以前的说法是脑梗早期针灸不适合介入，从我的临床观察来看，这种说法有待商榷。个人认为，患者在医院度过危险期，病情平稳后，针灸介入治疗越早，显效越快。如果超过最佳治疗期，恢复速度就会比较慢。现在脑梗的患者比较多，我对他们的治疗强调三点：内针治疗、口服藏药、康复训练。一般经过一段时间治疗后恢复得都挺好。"

问："我看到好几个坐轮椅来的患者，你让他们练习手抓装上水的矿泉水瓶、做喝水的动作，是有意为之的康复训练吗？"

答："是康复，也是为了针灸治疗的时候做导引。治疗过程中，患者的主观配合是非常重要的。如果我在治疗的时候，患者都不知道他的问题在哪里，注意力不集中，这种病人是不好治疗的。内针里面讲患者自己要明（君火要明）。所以有时候我故意给患者'出难题'，比如让患者的手自己活动。"

问："这个办法是你自己研究出来的？"

答："也不是，因为每天门诊患者多，我没时间在留针期间对每个病人进行导引，我就通过调动他的肢体唤起他对自己身体的感知，集中病人注意力。比如，咽喉炎的患者，他不知道如何感知，我就特意让他含一个东西在喉咙这里，这样治疗时他就容易感受到。这样治疗，我感觉效果更好。"

问："你的学生说有位小患者肌无力，经过治疗，能够拉着站起来了。"

答："他在北京知名大医院诊治过，说是基因突变性的，下了病危通知书。现在他手上的力量恢复得特别好，吊着我的脖子能抬20下，就是膝盖还有问题，总体来说他的一些重要生化指标，比如肌酸激酶从8000多（U/L）下降到4000多（U/L）了，其他指标也明显下降了。这种病西医一般没有办法的，因为神经细胞坏死了，是不可逆的。"

问："你学习内针前后，每天患者数量有变化吗？"

答："用上针灸之后，患者数量明显增加，我现在平均一天看80人左右，外地患者越来越多。"

问："这些患者大概来自哪里？"

答："目前，来我处求诊的患者有北京、天津、上海、浙江、新疆、湖北武汉等地的，更多的仍是省城兰州、张掖、定西、临夏和甘南周边的患者。"

4. 高手是如何炼成的

据同有三和基金会官网报道："截至目前，黄帝内针公益行的足迹已经遍及云南、新疆、甘肃、江西、山西、江苏、湖北、安徽等多个地区，累计培养基层医疗工作者1200余名……"2019年秋天才学习黄帝内针的藏医李玉宝，之前对中医了解不多，3个月后日诊人次近百，绝对是一个普通中医针灸大夫心目中"不可能完成的任务"。

我望着李玉宝诊桌上厚厚一摞挂号票，问他："为什么你仅仅学习针灸1周时间（2020年9月又参加了为期一个月的内针线上公益培训班），几个月后就门诊量明显增多？"

李玉宝不假思索地说："内针结合口服藏药效果好！感谢杨真海

老师公开传授这么好的针法，感谢同有三和基金会传播内针！我学习（黄帝内针）的经历还是很艰辛的，我每天会看书看到夜里 12 点，甚至疯狂看到凌晨两三点的都有。书上画得乱七八糟，我每天都画。因为我第二天要面对很多求治的患者。我跟杨真海老师的跟师弟子、助教张子正老师关系特别好，工作学习中随时随地会请教他。此外，我也经常看张三针老师、宋杨大夫的文章，也做一些自己的病例总结。"

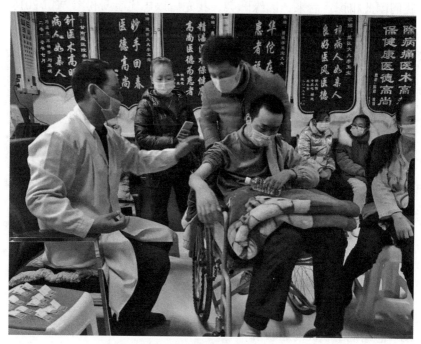

李玉宝工作中（摄于 2020 年 11 月 25 日）

问："距离参加公益培训班一年多了，你现在怎么看内针？"

答："现在我对内针的认识是：内针代表了中医的精华，它不是一个复杂的系统，是一个简单、易于操作的系统，有效才是硬道理。中医在其发展过程中，或许是人为地复杂化了，就像我们大学里面，不少教学的老师不上临床，理论不结合实践，怎么能够教出来好学生？即使理论学习得再多，也不能患者来了用一大堆理论去治病。所以说理论结合实践和疗效是最重要的。"

离开甘南后，我又陆续电话采访了他的黄帝内针引路人——深圳甘肃商会副会长韩小兵女士、三和公益行负责人燕姐等人。

韩小兵女士介绍说："谈到我跟李玉宝大夫结识，说来话长。2018年4月下旬，我接待了来深圳为甘南州招商引资的州委副书记、州长赵凌云一行二十多人，李玉宝大夫作为藏医药专家随行，我们因此相识。后来，因缘际会，我先后以志愿者身份参与了2018年7月由同有三和基金会公益委员会委员邹慧老师带队的黄帝内针甘南义诊，以及2018年11月举办的培训5天、义诊3天的甘南州第一批50名乡村医生黄帝内针公益培训活动。

"后来，2019年从1月到9月，我又参与了甘南州的黄帝内针义诊活动，因此到了合作市，有一次是在老年人日间照料中心做3天的义诊。李玉宝大夫得知后，带了藏医院的4名大夫（其中也有研究生），专程实地观摩拍摄录像，他的妻子也是医生，她一刻未停地拍了3天。我认为，李玉宝大夫是个对新事物比较灵敏的人，他很谦虚，义诊现场不停地问和学习，回去后仔细地研究和学习了拍摄的视频，说受益匪浅。因此，后来我们一起努力，通过向州卫健委等申请，举办了2019年9月的甘南州乡村医生黄帝内针公益行活动。感谢他的积极沟通联络。"

燕姐说："我跟李玉宝大夫不太熟悉，但记得他在2019年甘南公益行活动中就很惹人注意，受来诊百姓欢迎。他自从参加培训班，经常在公益班的微信群里分享自己的治疗病案，有很多中风等疑难重症，效果很好，让人印象深刻。我想，他的疗效好跟他热爱学习、一心赴救、知行合一这几点是密不可分的。"

12月23日，张子正老师给我发来两条李大夫跟他的对话——

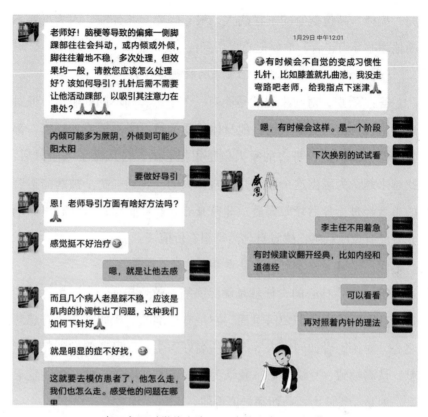

李玉宝通过微信向张子正请教（张子正提供）

5. 功夫在针，更在心

从医 20 多年的李玉宝很清楚，对中医针灸的信心，需要感性，也离不开理性。观摩韩小兵女士的义诊，大量的针下痛止、立竿见影的疗效是一个建立感性兴趣的机缘，启发自己对中医的兴趣很重要，但是，亲身学习、实践，更为关键。公益培训班上，经过几天的紧张培训、学习，从义诊中接触第一个病人的紧张到后面的逐渐熟练，加上主讲老师的专业授课，尤其是不断得到张子正老师的点拨，学以致用后，之前对中医了解甚少的他终于确认针灸效果"非常好"。

临床上李玉宝把工作方法一分为二，简单的病人两三分钟处理完，偏瘫、高位截瘫的重症病人，最起码要十几分钟。因为需要不断地耐心导引患者，他要把心思用到位。

问："你认为做医生给自己带来的收获是什么？"

答："看病，对我来说就是面对一个个患者和不同的病情；但对患者来说，是天大的事情，他身体里面的每一个不适或者疼痛，都是非常折磨人的，身边的家人也是很担心的。自从做了医生以后，我越来越认为医生这个职业是非常伟大的。看到一个个被病痛折磨的患者经过治疗后疗效显著，非常开心，非常感激，自己心里面既充实又有点成就感，感觉自己活得很有价值。"

问："你认为当个好医生最重要的是什么？"

答："医生核心的责任就是解除病痛、救死扶伤。当医生，不能过于功利，就像我们藏医里面，它是有标准的，比如必须要有慈悲之心，对待患者如同家人等。做一名好医生，对患者要做到无私奉献、认真细致、充满爱心，我认为这些都是非常重要的，也注定艰辛。但是，我认为，一切都是值得的。"

他侧身微笑着对我说，眼神中透露出责任、坦诚、自信、希望。

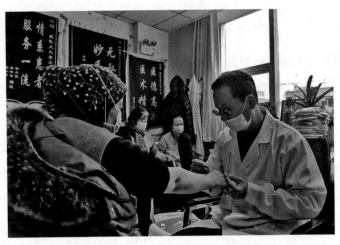

李玉宝工作中（摄于 2020 年 11 月 25 日）

一整天的采访中，我感受最深的，除了患者爆满、李大夫师生几乎一刻不停地诊治外，就是他对每一个患者从始到终的关心、耐心、细心、全身心投入，整个诊室虽然人非常多，但是充满着温暖，流淌着和谐。

燕姐告诉我："培训班后李玉宝做了长达半年的针灸义诊，用了15万根针，除了小部分是受益患者、亲属、朋友捐助的，其他都是他自费的，令人非常感动，几个月前，我们基金会捐助了他5万根针。"

从李玉宝的言语和身上，让人不自禁地感受到心灵是最好的一味药，甚至比技术更宝贵。

6. 中藏医结合之路上的新希望

李玉宝认为，学中医、学藏医，跟一位好师父，这是最重要的。像现在跟他的一位年轻大夫，是天津中医药大学针灸推拿系毕业的，如果不在他这里上班，是不容易看到这么多患者的，年轻人应该珍惜这样的机会。而对李玉宝本人来说，一直非常渴望得到杨真海老师的指教。

李玉宝说："2019年的三和公益行活动后，随着临床中不断地使用黄帝内针和藏药结合，病人数量逐渐增多。我认为内针是一种至纯至朴的针法，同样，藏医药也是用至纯至朴的独特药材和传承千年的独特理论做支撑，从理论到实践，博大精深且疗效可靠。作为一名医生，能够一生中接触学习到世界四大传统医学*中的藏医药学、中医药学，自己感到非常幸运。所以，在临床中把两者有机结

---

* 世界四大传统医学：通常有两种不同的说法，一种是指古印度医学、中医学、古埃及医学和古希腊医学；另一种是指古印度医学、中医学、藏医学和阿拉伯医学。

合起来，感觉更能提升临床疗效，事实上，我在应用的过程中，患者数量有了明显、稳定的增加。

李玉宝介绍藏医药历史文化（李玉宝提供）

"中医、藏医的治疗效果是非常好和快的，有些时候治疗一次就彻底好了，尤其是对心理疾病、神经官能症、心脑血管病、风湿和类风湿、胃肠疾病等的治疗上有明显的优势。我认为，作为一个人的价值想要体现出来，就要努力为人民服务。尤其是我作为一个藏族人，深深地热爱自己民族和文化，能够用学到的知识技术服务周边的群众，能够让更多的人了解、体验藏医药、中医，为藏医药、中医更好地发展尽自己的微薄之力，这都是我非常开心和用心做的事。"

问："听说不少人想跟你这个'李神'医学习，你怎么考虑的？"

答："首先，一方面，我现在每周连续五天出诊，每天尽力诊治近百患者就很忙了，而且还要利用晚上业余时间学习充电；另一方面，随着脑梗、神经性疾病等疑难重症患者越来越多，自己压力越来越大，还要多做提升。其次，如果有机会带学生，首先让他跟诊一段时间看看针药结合的疗效，眼见为实是比较重要的。如果学医人心浮躁，功利心特别强，就不会有太好的结果，也不会一门深入地去研究。让他们静下心慢慢地学、慢慢地领会，尤为重要的是要强化提升学生的医德和仁心。

李玉宝到玛曲义诊（李玉宝提供）

"此外，如果有机会的话就多搞一些能实实在在惠及到当地百姓的义诊，比如前一阵儿我们去一个县义诊的时候，当地人就说，哎呀，这次针灸义诊是最好的，因为之前虽然有专家来做义诊，但因为时间太短就只能给老百姓开几盒药，然后病人是越来越少，最后就几乎没有人看病了。我们去了后，第一天人不多，第二天人多了很多，第三天我们就要控制义诊数量了。"

尾声

2020 年 12 月 17 日，在兰州休假 10 天的李玉宝大夫微信上告诉我他回到藏医院上班了，根据省里对医院疫情防控要求，对患者实行限号，现在改为上午 30 个左右，下午 20 个左右。"其实，我到了兰州也没有休息上，患者还是找到了我。"他的声音中，如常的坦诚中有些许无奈、疲惫和一丝自豪。

日前，李玉宝告诉我："大概统计下，2020 年一年我用针量近 22 万根，诊治患者 1 万多人次。"

每天工作中，一会儿用汉语、一会儿用藏语的李玉宝大夫，他的中藏医结合之路，才开始不久，让我们拭目以待，祝愿他医路顺利。

记得我离开合作市的前一夜，月明星稀，让人沉静笃定，不知怎的，我更愿意称呼他月亮大夫，或者达瓦。

附：李玉宝大夫简介

李玉宝（藏名达瓦），藏医副主任医师。1972 年出生于甘肃省甘南藏族自治州夏河县清水乡，先后就读于夏河县桑科小学、夏河藏中，本科毕业于甘肃中医药大学藏医学院，从事临床工作 28 年。参与完成了甘肃省科学技术攻关计划项目"藏药传统保健方剂康速能补胶囊的开发与研制"、甘肃省卫生厅重点中医药科研项目"藏药制剂－西其周巴的研究与开发"、甘肃省组织部陇原青年科技创新计划项目"藏药制剂西其卡策尔片剂的研究"；主持完成了省级课题"藏药制剂娘肖登巴片的研究与开发""藏药材标本采集制作与管理研究"等科研课题。其中"藏药传统保健方剂康速能补胶囊的开发与研制"，获得首届中国民族医药科技进步二等奖；"藏药制剂－西其周巴的研究与开发"获中国民族医药学会科技进步三等奖，"藏药材标本采集制作与管理研究"获中国民族医药协会科技进步三等奖，并撰写发表了多篇论文。

五、宋荣强：从"呆子"到中医科主任

编者按：首先分享两句话，"你的人生，不过是你曾专注的所有事情的总和""想要过好自己的一生，不外乎向内看、向前走两件事"。作为一家致力于传播普及中医文化的公益基金会，我们以为，学习中医的人，尤其刚走出校门 3～5 年的青年中医，更需要一个发现、借鉴同行者的意识和能力。

为此，深度访谈报道一个个鲜活的青年中医人，发掘他们的成长个性及个性背后的共性，就成为了我们的行动目标。本文，就是我们专程采访宋荣强大夫——一个从普通农村走出的"穷二代"，我们力图把他的主要成长经历、里程碑事件、成长环境等呈现出来。

访谈时间：2021 年 3 月 30 日。

访谈地点：山东省滨州市。

访谈对象：宋荣强大夫（滨州医学院附属医院中医科主任，中医副主任医师，山东中医药大学硕士）。

（一）成长历程

1. 从"呆子"、复读两次到统招本科生

"我是穷二代。"我们刚见面坐下来，宋荣强就对我说。高考填报志愿，他选择了学医，还是很多人不看好的中医。

宋荣强读本科期间留影

"你是怎么走上学医这条路的？"我问。

宋荣强说："我家世代务农，我父亲和祖父在当地都算是比较有文化的。父亲读过高中，因为全国没有恢复高考所以回家务农，后来到当地中学做了初中老师。在我2岁左右的时候，一向身体很健康的父亲突然得了一个奇怪的病，四肢逐渐没力量了，最后连走路都成问题。在当地医院几经治疗也没有好转，基本丧失劳动能力的父亲开始自学中医针灸推拿及中药。大约两年后，父亲的身体基本恢复了，我小时候经常拿着针灸针玩耍，这也是我从小就接触了中医。此外，有一位爷爷比我父亲大10岁，两个人是忘年交，他是我们村里的村医，后来乡镇建了卫生院，他去干了几年院长，再后来我们家盖了房子的时候跟他成了邻居。他们多少影响到我高考填报志愿时的选择。"

读大学，是宋荣强的第一个人生分水岭。但是，他初中考高中、高中考大学都是连考两次。

"我从小上学成绩一般。不如我爸，周围人都说他学习很厉害。"

宋荣强说："5岁前人们都以为我犯傻。大人说我开口说话很晚，反应特别迟钝，成天光傻乎乎地笑，不怎么会哭，一个马扎自己能坐着玩半天。读幼儿园的时候，有一天，老师找到家里大人说她教小朋友唱歌，别的孩子都唱，就我一个人不唱，不过把我抱到台上也能唱下来。家人为我着急，甚至找人算卦，担心这孩子长大行不行啊，这脑袋有问题啊，在家里人们都叫我呆子。"

高考成绩不太理想，填报高考志愿的时候他自己选了中医专业，家里人对他选专业没有提什么意见。但是一学上中医以后，他的学习成绩就大幅度提高。为什么读大学后自己就跟变了个人似的，十几年过去了，宋荣强自己也没有想明白。

喝了一口茶，右手端着茶碗停了片刻后，宋荣强说："我上高中的时候语文成绩是不错的，背诵古文能力很强，古文成绩比较好。我有一个高中同学，我俩住在同一个宿舍，关系一直很好，巧合的是我俩报考了同一所大学（华北煤炭医学院，现在更名为华北理工大学），我的专业是中医，他学的是针灸推拿。我俩学习是有点比着的。记得学习针灸课时，我经常跟他比谁背的歌诀更好。当时我的胜率挺高的，呵呵。"

"学中医需要一定的诵读医古文能力，还有一个好学伴。"我点头说。

宋荣强大学读书成绩一直很好，甚至得过第一批国家励志奖学金，足足5000块。当时他每个月生活费一两百块钱。他眼中闪出一丝光彩，微笑着说："我们那一届在校生，总共就几个人获得。当时，学校的一等奖学金只有一两千块钱而已。"

宋荣强上大学前从来没有当过班干部，进了大学校门后虽然一开始站在台上讲话腿直打哆嗦，但是大三的时候就当班长了，并且表达能力、演讲能力等都得到了极大提升，连他自己都感觉像变了一个人。他大二成为党员积极分子，大三成为预备党员，大四正式入党。

我问宋荣强："相对来说，学习是自己一个人的事情，但是当班干部、入党这些事就不太一样，需要处理好跟老师和同学的关系，你是怎么做的？"

他说："从前上台讲话的时候老是担心，后来我就想台下坐的人都是你的朋友，他们不是来给你挑三拣四的，是来帮助你的，这样我的心态就越来越好了。我人缘比较好。记得我申请入党的时候，我们团支书积极推荐我的时候说'只要我们找宋荣强帮忙，他从来没有拒绝过'。这句话至今我记得还很清楚。"

2. 如愿考取研究生的前前后后

跟大多数同学一样，宋荣强读大学的时候，也萌生了备考读研的想法。他想考回家乡山东，但是他不知道，自己至少要闯过两道关。

第一道关，选研究生导师。一开始他中意的是山东中医药大学《伤寒论》专业的姜建国老师，虽然笔试成绩第一，但是复试成绩并不是很理想，最终没有被姜教授录取。爱才惜才的姜老师专门给他推荐了自己的得意博士生吕翠霞老师，宋荣强很高兴，悬起来的心终于落地了。

他说："我研究生考试的分数还可以，超了一类线80来分，读北中医、上中医应该是可以的。"

第二道关，是读研的学费关。宋荣强从读大学起，直到上研究生，每年家里都要跟亲戚借钱给他凑学费。幸运的是，在读研一上学期的时候，宋荣强的一位比他高两级的师兄介绍他去一所私立大专讲课。大概到研二下学期和研三的时候，课程较多时他一周要上30节课。

宋荣强跟研究生导师吕翠霞教授合影

"我这个师兄讲课特别好，很多学校都找他讲课，有一次我们一起给本科生搞一个关于如何考研的讲座，他认为我讲得不错，以后他的很多课程就让我代他讲。"宋荣强说。

研究生入学后，宋荣强继续自己的"优秀学生"之旅，先后当选班长，研究生会主席。他喜欢给本科生、班里的同学组织个小讲座什么的，经过 3 年研究生历练，他已经很善于组织大大小小的活动了。

"说一说读研期间影响你比较大的老师？"我问他。

"除了我自己的导师吕翠霞老师外，还有陶汉华老师、姜建国老师。"

"陶老师？"

"陶老师是我学医以来最佩服的一个人。他是我目前接触的所有人中，境界最高的。"

"评价够高的。"

"陶老师理论、临床功底都很扎实，做科研、搞学术求真务实，生活中淡泊名利，经常资助一些需要长期吃药的穷人。他的境界真是太高了。"

"陶老师对你影响不小。"我继续问他："还有吗？"

"临床上，陶老师并不是都用经方，他的方子看起来很中庸，但是效果很好，虽然我专业是学《伤寒论》，坦诚说我受到陶老师的一些影响。陶老师学术上不造假，通常来说如果他看不惯别人做法的话，肯定要怼的。但是陶老师很能理解别人，他一点都不愤青，他对谁都不会怎么样。有件事我记得很清楚，他的一个研究生，跟我是同一届的一位老大哥，从乡医自学一步步考上来的研究生，他经常跟陶老师说'陶老师你应该宣传宣传，对病号也好啊，你多看的话对病号也是造福啊！'陶老师只是笑。他太淡泊名利了，至今还是住着我们上学时候的那个房子。"

"除了跟姜老师读研外，陶老师有什么特别的中医师承吗？"

"陶老师学医没有家传，他就是自己学的，但他很聪明能干，比如国家级的课题也做得很好。他曾经当过一段的山东中医药大学基础医学院的书记，不过时间很短，说不干就不干了，他说'我实在干不了，成天出去吃饭，咱又舍不得浪费，又不能喝酒，光吃，这一年就长胖很多'。"

"是一位可爱可敬又有趣的老师。"我禁不住点头说道。

3. 从大学附属医院新人到中医科主任

2011 年宋荣强研究生毕业，他应聘到滨州医学院附属医院中医科工作。当时中医科就两位医生，一位魏铭老师，一位姜学连老师，两位老师都是滨州当地的知名中医专家。魏老师研究生期间师从于山东中医教育家周次清先生。姜老师更是滨州中医界的传奇，因为从小患肝病，他大学期间转学中医，后来成为中医博士。宋荣强从两位医术医德俱佳的老师身上学到了很多行医做人的道理。

患者赠送宋荣强锦旗

"你是怎么得到两位老师的青睐的？"

"很有幸，两位老师我上研究生的时候就认识了，有一次山东省组织学经典活动，要求各个医院的科主任都要参加。当时省中医药管理局在我们研究生里抽调两个帮忙的，我就报名去了。当发现这两位老师竟然是滨洲的老乡，我就主动跟两位老师聊起来，后来我在服务之余，也给老师们提供一些些力所能及的帮助。大概平时聊天的时候两位老师感觉我还不错，他们也让我感觉到滨州的中医临床疗效并不弱于省城这边。后来，我研究生毕业找工作的时候，滨州市中医院和滨州医学院附属医院两边都考虑了。经过实地走访，见到二位老师后，我就倾向到滨州医学院附属医院这边工作了，很幸运也如愿了。"

因为工作单位是大学附属医院的缘故，宋荣强从到医院上班开始，在出门诊的同时就带一些实习的学生了，后来就讲临床课，中间断了几年，这几年又继续讲课了。

去年他接魏老师、姜老师两位老主任的班，开始担任中医科主任，工作角色和内容更多了，出门诊、病房查房、给学生讲课、帮扶基层社区，我帮他算了一下，他几乎一周工作六天。而他还是两个孩子的父亲，妻子在医院里做药剂师。

"工作十年了，整天这个状态你不感觉累吗？"

"可能有些人会说成天看病很累，有时候我确实没有这种感觉，比如上个周三，我就看了 70 多个病号。除了开方外，我还要做一些埋线和浮针治疗。"

"去年疫情给你们中医科造成了什么影响吗？"

"有一些影响，但是并不严重，比如两位老主任退休后，出诊时间变少了，可能病房住院率等有所下降，但是影响并不大，大概 3% ~ 6%，今年一定会增加很多。"

宋荣强门诊工作中

附：问答实录

问： 你怎么看自己的性格特点？

答： 我这个人从小脸皮薄。但读书、工作这么多年下来，我现在可以跟很多人自如交流，平时我也经常自嘲，讽刺自己，自然心胸就逐渐开阔了。当你真正喜欢一件事，可能也就不太在意了。要学会给自己解压，我认为人不要想得太多，有些事情就别太较真，有些大夫会说"唉呀，我手上爆皮了，是不是病人的病气传到我手上了"？我就会说哪有那么多事，不要在意。

问： 在中医院和综合性医院做中医有什么不同感受？

答： 我认为，因为国家的高度重视，中医形势整体确实在变好，但是距离老百姓的要求还是有一定距离的。我知道，有些中医院病人住了半个月的院，大夫还没给人家开个中药方呢，患者喝不上中药。在很多综合性医院，中西医科室硬件和人员配比等差距很大，地位上不对等，这是一个事实。另外，中西医科室之间互相会诊是很常见的，但现在老百姓对中医认可度还是不高，经常会碰见这种情况。比如，当你到病房给病号做诊断，话说了半天后，开始下医嘱说，我给你开点中药吧？患者一听，开中药？惊讶和怀疑的眼神就说明了一切。中医人要自强，自强才有自尊。

问： 你强调患者对医生的信心吗？

答： 很多患者为什么相信你，因为你把他的病一次治好了，很多次都治好了，慢慢地才相信你。不是说医生非得让人相信，也不要对患者要求太高了。大夫先好好地给患者治病，大夫要求患者去做什么太难了，把自己分内之事能做好就很不错了。像有些大夫在朋友圈里发的类似"天雨虽大不润无根之草，佛法虽宽不渡无缘之人"这样的话，我从来不发，为什么患者来看病就要特别相信你？没理由啊。甚至我对有些比较熟的关系好的同行说，我说你不要发这些东西，让患者一看就认为你很清高，不容易亲近患者。

问：你对社会上普遍认为的"中医越老越吃香"怎么看？

答：我认为并非年纪大医术就一定高。对一个中医来说，不是说你岁数越大，你就越会开方，我感觉四五十岁可能是最好的时候。我估计50岁以后，自己的体力会下降，脑袋也不如以前灵光了。之前我也注意到有些老师的门诊量在年龄大了之后有下降的趋势。

问：十年临床工作下来，你怎么看中西医？

答：从我个人看到的来说，觉得西医治病太积极，存在一些过度医疗，比如腰腿疼什么的，往往上来就是手术，其实大部分的腰腿疼不用手术。现在，我中医学生和西医学生都教，学生的状态都是差不多的。上课时候我对西医学生说，不要求你们记多少东西，到时候不要太反对中医就行了。

问：国家现在重视医生继续教育，你对进修学习的想法是？

答：终身学习对医生来说非常重要，我很想出去学习进修下，打破一下自己固有的思维方式。我曾经去天津中医药大学石学敏教授那里学醒脑开窍法，我感觉很客观，就是你扎行，我扎也行，只要掌握了操作方法，容易复制，扎好以后效果也是立竿见影。还有埋线技术，也是差不多的特点。我想学这种很客观、容易复制的。

不过，我目前主要是时间不够用，现在医院门诊、病房、教学、下基层这四块业务工作很满，而且还有科室主任的行政工作。尤其是有些老病号，下基层时候的病人，还有外地的病人，都放心不下。老百姓看中医主要还是看人，不是说你随便找个人坐在这里，他就让你看。现在就是时间紧张，我希望将来有机会再考虑外出进修吧，哪怕几个月时间，坦诚说，我也希望调整下自己的生活、工作节奏。

问：说一说你的家庭？

答：我爸这个人特别乐观。他种地和干什么都不是很要强的那种人，但是人很乐观。人家开着拖拉机，他撵着毛驴车喊号子唱点歌，很舒坦。我妻子是我大学校友，读的中药专业。我俩算是有缘，当时她找我开药我们认识的。我岳父是农村基层大夫，中西医都擅长，到了退休年龄就彻底退休了，虽然临沂、青岛都有人请他去坐诊，他说我哪里都不去，就在家哄孩子。他们老两口生了两个儿子、两个女儿，儿女又生了十个孩子，他要享受天伦之乐。我跟他说您干了这么多年大夫，怎么能说放下就放下，整天就是哄孩子，一个大男人……他说，哎呀，这个哄孩子才是最主要的，这才是大事，钱挣多挣少都无所谓。他是一个很平和的人，我在他脸上很少看见着急，虽然有时候他也会训人，但是不是暴跳如雷的样子，我感觉他心态非常好，活得很通透。我的岳母是一个特别积极的人，非常乐观，特别能干，她说我跟你爸生了4个孩子，你爸基本上没抱过谁，都是我一个人管着。她现在也是70来岁，每次我们几个小家庭过年回去，最少十几口人了，都是她一个人做饭，并且早晨就给炒菜，包水饺，全是她一个人干。我对我妻子印象好，很大一部分是缘于对她的家庭印象好，说实话，我们夫妻之间有些时候可能观念什么的有所不同，但是我感觉她家家庭和谐，非常难得。岳父母培养出来的几个孩子都是大学毕业生，尽管没有谁是特别厉害的人，但是都很不错，日子过得很踏实。我的大舅哥也是大夫，在一家县中医院当西医。人比较内向，但是人特别好，在医院里口碑也特别好。

问：你对中医科的发展有什么想法或者计划吗？

答：今年是我当科室主任的第二年。今年我们门诊搬迁重装修，扩大规模，我也跟领导提了一下发展的思路，主要有两点。首先，我们不是基层医院，在大学附属医院里，在学科上要适当做些专业分工，现在十来个大夫基本是什么病都看，如果不分专业的话，可能不便于患者就诊。具体来讲，就是要建立针灸、妇儿、颈肩腰腿疼等专科门诊。

其次，希望把参与全院各科会诊工作做得更好一些。我们医院现在3000多张床位，日均门诊量六七千人，这个基数是很大的。我想，中医有很多类似针灸、埋线、小针刀这样的特色技术，是值得尝试跟其他科室深度合作的。

（二）成长漫谈

1. 他免费看病，免费他也很高兴，只要有人找上门他就很高兴

宋荣强说尽早上临床，尝到中医的甜头是学习道路上的推动力。他开出的第一张方子是学习《方剂学》后大三放暑假，他父亲腿上整天瘙痒，自己天天挠，用蒲公英、紫花地丁等熏洗也不管用，宋荣强就给他父亲开了几天的消风散，效果很好。

宋荣强读研一期间留影

大四上针灸课的时候，学习和考试重点可能就 100 多个，但教科书上的 300 多个穴位他基本都记住了。考试的时候，仅因为马虎被扣了几分而已。年底放寒假，他没立刻返乡，一个人先跑到唐山市中医院，跟针灸科主任学了一段时间后才回家过年。开学前那段时间，家人、亲戚谁有问题他都乐意给扎针，甚至主动上门，一分钱不要。

"我就是在那个寒假练出了针灸的感觉，扎针就不怵了，而别的同学学完针灸结束考试后就扔下了。总之，早点上临床多动手，特别重要。"宋荣强说："关键是有效果。我有两个嫂子，一个是成天低头炸油条有颈椎病，一个是失眠，针灸疗效都不错。所以从那时候起我的针灸一直没有丢下，我也比较喜欢。"

"有没有遇到过一些意外？"

"有的。记得有一次扎太阳穴，肯定扎了小动脉了，起了一个大疙瘩，真的是很大，我第一次遇到。当时吓得我赶紧给针灸课老师打电话，老师安慰我说别着急，告诉我怎么简单处理，后来确实也没事。这些一点一滴都是难得的学习成长机会。"

宋荣强读研究生的时候，考取医师资格证书后，只要听说他回家，他母亲就提前跟亲戚朋友们打个招呼。他每次回家，一天至少能开 10 来张方子，一律免费看病，免费他也很高兴，只要有人找上门他就很高兴。

多年前他读过刘力红老师的《思考中医》，书上说必须要有清华、北大学生的资历，才能学好中医。他当时感觉很自卑。现在他经常跟学生说，学中医让我变聪明了，如果不学中医，我肯定不能开窍，变不了这么聪明。

2. "要是我光在门诊上的话，我感觉自己就是个神医"

在综合性大学附属医院做中医，宋荣强感觉有动力也有压力。

因为能到中医科看病的，往往不是患者信任大夫，就是西医同行来找自己会诊。中医科设有病房，虽然床位数不多，目前9张床，但是宋荣强发现，作为中医大夫开的方子疗效好不好，能很容易看出来，很考验人。他说："要是我光在门诊上的话，我感觉自己就是个神医。因为你看到的，复诊的都是效果好的，效果不好的可能就不来了，大夫随诊跟不上。"他坦言，在病房里很多时候是束手无策的。比如肝硬化腹水患者，水肿得很厉害，晚期肺癌患者躺在病床上"呼呼呼"的痛苦喘息声，都让他充满压力，也提醒自己学无止境。

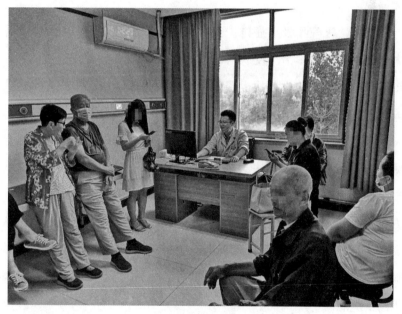

宋荣强门诊工作中

宋荣强强调，当医生一定要能受得住压力，忍受得了挫折，失败就是常态。虽然"有时治愈，常常帮助，总是安慰"，但是当一个人特别喜欢干一件事情的时候，可能就不怕失败了。

他说："我门诊上小孩病号特别多，比如小儿抽动症，他们大部分都能吃中药。有些小孩能坚持一连吃几个月。大部分抽动症患者，都是西医大夫介绍来的。我的经验是，治疗总体有效率能到90%以上，痊愈率可以达到60%～70%。现在得抽动症的小孩太多了，属于精神类疾病，往往因为父母管教比较严，情感得不到释放，户外活动量少等原因而发作，包括我女儿、我亲外甥都得过这个病，我都给孩子们吃的中药。"

十年中医临床工作，值得宋荣强自豪的是应西医邀请会诊病人。"因为科室间会诊效果好的越来越多，慢慢地西医大夫就相信你这个年轻中医了，我现在很有成就感的是很多西医大夫都找我看病。"宋荣强说。

比如，医院呼吸重症科护士长有哮喘问题，西药用上后效果不太好，就找到他诊治。皮肤科的老师推荐了很多病人找他看，甚至皮肤科老师本人的内科病也找他看。宋荣强成了医院里很多西医大夫的家庭医生，身体一有不舒服就想到他。

宋荣强回忆说，门诊的一位外科主任，他的孩子得了过敏性紫癜，为治疗想了很多办法甚至去了北京协和医院，效果不理想。无奈又回到附属医院皮肤科来看。皮肤科老师转介绍给他，他给开了方子后，孩子吃了药后全身皮疹就下去了。孩子的爷爷说："宋大夫，中药里面是不是也有激素啊，怎么好像比激素（治疗）还快呢？"后来疗效很稳定，即使犯过一两次，很快就好了，也就不再用药了。

疗效说明一切，后来，这个主任就在自己科室里向大夫和护士们推荐中医和宋荣强，说"我给你们介绍一个'神医'……"陆续很多人就专门挂年轻大夫宋荣强的号，他看过了以后更多人相信中医，后来孩子的爷爷膝关节退行性变，西医说需要做膝关节置换手术，在吃了宋荣强开的中药以后就缓解了，慢慢地，平时活动什么的都没什么影响了。就这样，他的患者越来越多，名声越传越远。

谈到应邀参加科室会诊，宋荣强说，他对大黄使用有一些心得。

"有一个男病号，80多岁了，家属说老人已经糊涂了，谁都不认识了，送过来住院治疗看看。我到病房后，问病人多长时间没排大便了，回答说好几天了，我一摸他下腹部有明显的硬块，而且询问病人，他也确实是谁也不认识了，并且有用手搓绳子的动作。我一看，这不就是教科书上的症状嘛，一模一样。我立刻开药，病人用药后泻了一次大便，就认识人了，好了。

"还有一个男病号，是一个熟人的亲戚，60岁左右，主要症状就是发烧以后变狂躁了，骂人打人，病人有肿瘤问题，不过之前一直没有精神方面的症状，而当时精神症状特别厉害。我进到肿瘤科病房的时候看见他的两只手都被捆在病床上。

"其实，当时主治医生已经给患者用上精神类药物了，效果并不是很好，还是狂躁。我经过诊断后给开了承气汤，3副。病人吃完药后我再去看，精神状态就已经很好了，跟换了一个人似的。"

宋荣强认为，对住院病人来说，大小便特别重要，因为二便对情志的影响非常大。

他还提到一个会诊案例，患者是医院消化内科主任，当时60多岁，症状就是反复肠梗阻。一米八多的身高，骨瘦如柴，体重也就七八十斤。已经住了好几次院，消化内科上下都很头疼，然后他们就找宋荣强去会诊，他看了以后给用了大黄䗪虫丸。

他的依据是在《金匮要略》里面有一句话叫"有故无殒"，意思是说只要人体内有实邪，就可以用泻药。

主任用药后大便很快就通下来了。再接再厉，宋荣强持续给用了一年多的大黄剂，结果主任的体重增加到120多斤，并且再也没住院了，持续用大黄治疗了好几年，现在可以干一般的活，一顿饭一个多馒头，体重恢复到了 130 多斤。

结合其他病人用大黄后的临床经验和思考，宋荣强给学生们讲课的时候，曾经专门讲过大黄的养生作用。他说，据报道，科学家注意到有一些生活在沙漠中的土著部落，个个长得特别肥特别壮，经过研究他们的生活习惯，科学家发现他们打了饮用水以后，都会往水缸里面抓上一把大黄，结果就是人大都很长寿，骆驼养得很肥壮。

谈到看病，宋荣强讲述了一个小姑娘的故事，她得的是先天性的巨结肠，主要症状就是排不下大便。但这次他没有用大黄。他接手治疗的时候小姑娘 6 岁多，当时已经动过三次大手术了，结肠全部都切掉了。病情严重到经常要送到重症监护室，最长的时候要待上一个多月。即便是从重症监护室出来以后，她也几乎常年在小儿外科住院。不过因为她虽然住院，但不做手术，以往的治疗方法又不理想，让病房大夫们特别头疼。宋荣强被请过去会诊，检查后他发现小孩子的肚皮就跟纸似的，薄薄的，一条条静脉，清晰可见，严重消瘦的样子，让人不忍直视。当时他对病情的理解是，中医里面有一句话"小肠主液"，她的结肠都给切掉了，肚子里面只剩小肠了，当轻拍她的肚子，就能听见咣浪咣浪的水声。

宋荣强开始给她开中药，自从吃了药以后，小姑娘就再也没住过一次院，一年吃了 200 来副中药，迄今有两年的时间了。现在她能正常上学了，肚子长肉了，肚皮也比以前厚了。

目前，宋荣强正在考虑，要想出办法给她稳妥停药。之前经验是，往往停上半个月药，最长不到一个月，小姑娘的肚子就又会难受了，但是吃点中药很快就会缓解。

已经看惯一幕幕生死无常的 80 后医生宋荣强说："这个小孩很可怜，本来家里条件不太好，前段时间他父亲又出了车祸，在重症监护室里待了很长时间，现在人还在昏迷中，我才给他家捐了些钱。"

宋荣强说，他除了对大黄使用经验比较多，对麻黄也有一定心得。因为时间原因，我没让他具体展开。

宋荣强说，组织上安排他到基层医院做帮扶，这家医院的一把手院长，西医外科大夫出身，喜欢技术工作，业务能力强，辞去院长职务，跟宋荣强在医院内开设了颈肩腰腿疼专科，二人搭档中西医结合服务老百姓，宋荣强负责用中药治疗。患者很多，现在他更忙了。

3. "最主要的其实是热爱，热爱应该是能培养的"

2009 年读本科，2014 年读研究生，2017 年到滨州医学院附属医院工作，研二期间就开始代课，从学生到临床大夫兼老师，四十出头的宋荣强是很少数具有一定标杆意义的中医教育经历的青年中医。

宋荣强深入基层做帮扶

他认为，当前社会环境下，想要学好中医，除了功利心要少之外，还有很重要的一点就是要勤奋，因为中医学科的特点就是需要记的东西特别多，背诵能力一定要强。

他说，最主要的其实是热爱，而热爱应该是能培养的。比如小时候接触过中医，或是有一些老师讲课讲得比较有趣、有意思，可能就能提高人的热爱程度。也许这就是所谓缘分吧。

研二期间他在校外代课，有一个女学生就属于很爱学习的，"我给他们讲课的时候就能感受出来，她对学医的想法跟其他同学不太一样。"她民办大专毕业后就参加工作了，现在一个滨州下辖县的中医院工作，干得很不错。"学生爱学习对老师也是有促进作用的。"

他说，自己在给学生们讲课的时候，有时候会对学生提到可能考试会涉及哪一些内容，学生们往往就很用功，对课本上的知识很用功。但是当他有时候让他们重点记住什么，因为是以后可能工作中会有用的，学生们却不一定记。但有些学生就会记，这些学生以后可能就会有出息。

"还有一个让我印象很深的女学生，考研备考期间，往往大家多少都有一些压力。这个同学平时学习成绩属于中上等，但是她就总担心自己考不上。记得有一次病房查房，我就对包括她在内的几个学生说，王清任的几个活血化瘀的方子，包括通窍活血汤、血府逐瘀汤、膈下逐瘀汤、少腹逐瘀汤，这几个方子要记住，以后对临床很有指导性。他们就把这几个方子都背过了。

"过几天后我再问他们，虽然这几个学生学习成绩都很好，但是大部分人还是没记住，那几个方子也确实很难记，偏偏就那一个女同学记住了。我对她说你考研究生肯定没问题，你放心就是了，并且告诉她说你以后学中医肯定会学得不错。后来她报考研究生，最后大概是被辽宁或者黑龙江中医药大学录取了，考试分数很高。"

宋荣强在读研的时候也有一定的教学任务，一学期要上10来节课，在老师眼中他是擅长讲课的，所以他属于讲课多的，授课对象包括本科生、专升本学生，甚至本硕连读的学生。他发现，学习最积极的就是专升本的学生。专科生上本科后，基础好，学得扎实，继续读本科以后，知识重新记了一遍。不太积极的就是本硕连读生，因为研究生不用考直接就能上了，读书没有压力，所以往往一个班里只有几个学得好，大部分都不行，最后很多人都不干中医了。"很可惜。"宋荣强说。

"还有一个月就高考了，你对高中毕业生们有什么建议吗？"

"如果高考后填报志愿考虑选择中医专业，我希望他们首先要增加自己对中医的热爱，读书期间尽量提前进入临床，不要等学完了5年的理论课，然后再开始临床，一定要争取提前，可以跟老师诊，甚至自己动手实践，这些都能够让自己对中医的热爱更深一些。同时，既要有热爱，又不能太鲁莽，对中医药要相信，但也不能迷信。既要充分发挥我们的想象力，又不能凭空臆想。"

"你还能再说说热爱中医的例子吗？"

"我前面说的从乡医考上陶汉华老师研究生的同学，这位老大哥比我大12岁，不太谦虚地说他中医经典背不过我，但是他学习非常认真，是一以贯之的。比如，他跟随陶老师一上午看10多个病号，下了诊后还能继续整理到下半夜。包括陶老师开的方子是怎么演变的，加了哪一味药，为什么加，他都挨个分析。

"他一直在整理、总结陶老师的学术理论和临床经验，研究生毕业后他就去了县医院工作。他的习惯是并不特别重视读经典，临床上以用陶老师的一些方子为主，治病效果很好，很快就干出名了。他平时在病房工作，没有门诊，单位给他安排了中午门诊，病号都上病房去找他，他热情不减，主动让病号留下联系方式，过几天就随访。"

看上去敦厚、随和的宋荣强对于讲课有自己的理解和特点，他说自己喜欢打比方、讲故事，结合学生生活体验，这样他们更容易理解和接受。

"能不能举个例子讲一讲？"我问。

他说："比如，有次课我讲中医整体观，讲人与社会是一个整体，人是怎么受社会影响的？我就半开玩笑举例说，你们看以前社会上每家都是生一个孩子，生一胎的时候，年轻人生活还是比较好的，就一个孩子，也没有那么辛苦。现在国家放开二胎了，像我这样的生了二胎，回家以后不是首先给你们好好备课，而是先得哄孩子，你说个人受社会影响大不大？呵呵。"

"讲得很现实生动。再说一说？"

"还有，你看中医讲肺与大肠相表里，怎么让同学们理解表里关系，我就说当看到一个女孩子后，一个男孩子给人家写了封求爱信，最后署上四个字'肺腑之言'。我说同学们，你们一定要记着，千万不要相信肺腑之言。因为肺的腑是啥呢？是大肠，大肠发炎（言）能是好事吗？大肠发言就是放屁，所以如果谁跟你说是肺腑之言，千万不要去信。"

宋荣强喜欢讲课、带学生。到滨州医学院后，一开始就教书，中间有几年停了，这两年又开始带临床医学专业的学生。以前他只是教中医专业的，各门临床课，包括中医内科、妇科、儿科，等等，他都教，甚至一学期教三四门课。他给学生上第一堂课的时候，往往会讲到中医能够让人变聪明。学生们也喜欢他，有的同学，虽然早就毕业离校了，还跟他保持着联系，甚至有的是他读研究生期间代课教的学生。

他说："前几年，医学院每年都要评"最受学生欢迎的带教老师"，全院就几个名额，每年都有我，学生们对我评价还不错，现在不评了。我也代表我们滨州医学院参加过全国的医学院校微课教学比赛，获得了两个奖项，其中一个是全国教学风采奖。"

尾声

结束这次访谈前，我问了宋荣强最后一个问题："如果现在让你重新选择专业，你会选择什么？"他一如既往地微笑说："如果不学中医的话，我感觉我别的干不了，人说君子不器，我感觉我也就适合学个中医。虽然我现在是临床、讲课、带学生、下基层都干，但将来我应该是向临床倾斜。尽管工作都有挑战，我最喜欢的、乐趣最多的还是做大夫。"

后记

两个月前，我赶赴山东滨州，能够见到宋荣强大夫，要特别感谢滨州的宋朝辉女士，是她的教育情怀、积极联络、全程陪伴，才促成了此次滨州之行。

短短三天，因为她的引介等因缘，让我格外欣喜的是，在这座四线城市，一次性见到宋荣强大夫等好几位 80、90 后青年中医。他们学医从医基本都在十年左右，正走在不断探索前行的路上。我发现，他们每个人的家庭、性格、中医学习成长经历、技术特色、关注点、想法，等等，各不相同；但是他们也有共通之处：每个人都衷心感谢自己的老师，感谢中医，认认真真、脚踏实地，最鲜明的一点是，一言一行中散发着对中医的满腔热爱。我衷心祝愿他们前行顺利，更上一层楼！期待再访滨州，祝福滨州！

六、苏强：寻路中医，一个理想 主义者的十九年

苏强，1984 年出生，江苏镇江人。中医学博士，中医副主任医师。2002 年考入南京中医药大学中西医结合专业（七年制本硕连读）。2009 年进入无锡市第三人民医院工作。2013 年考取黄煌教授博士生。2017 年主动辞去中医科主任公职，选择"野生"至今。

引子：选择苏强作为青年医生成长系列访谈对象的想法，由来已久

早在 2014 年，不止一位江苏的中医友人推荐他——医术好，医德好。我们从苏强的简介可知，他的中医资历和成绩，是令人称羡的，他近二十年的学医行医经验，所思所想，一定会给医生，尤其青年医生群体启发。于我，更在意每一位医者思想的背后故事。

2021 年 5 月 13 日傍晚，在无锡太湖边的一个茶馆。我跟苏强第一次见面。眼前的他，中等身材，本就比一般人略显宽大的额头，有点开始脱发，柔和的黄色灯光下显得光亮，戴着眼镜，中式风格衬衫，靠上的纽扣没扣全。他举起右手跟我打招呼，脸上笑盈盈的，眼神中透露出热情、开朗、沉着和儒雅，快步走过来，先伸出双手说："老才，远道而来，欢迎欢迎！"如果不是他的南方普通话口音，我以为对面是一位生性豪爽的北方人。

四年前，为什么他主动辞去让人称羡的三甲医院科主任而单打

独斗？现在，这条"野生"之路他走得如何？我们的话题从他学医的初衷和经历开始。

苏强近影（老才提供）

1. 从无知到已知（2002—2017）——中医的信心与实践篇

2002 年 9 月，苏强第一次走进南京中医药大学（原名南京中医学院，以下简称南中医）的校门，之前他并没有医学相关的背景和生活氛围。念高中的时候，有一天，一位喜欢研究《易经》的民间老师对他说："第一，中医博大精深，包罗万象，丰富多彩到什么程度呢？中国所有的传统智慧都集中体现在中医上。第二，根据我的推断，你学中医一定能学好，我觉得你适合学医。"

虽然老师本人并不从事中医，但是苏强知道自己被老师的话打动了。

二十年后，在无锡市乃至江苏省已经小有名气，人们习惯称呼他为"苏博士"的中医副主任医师苏强，至今也没有深入研究过

《易经》。

进入大学后，苏强慢慢感觉到，虽然南中医是新中国成立后国内第一批组建的四所中医学院之一，但是，同学们的中医学习氛围并不如他想象中的样子。他认为不是老师的原因，老师们还是很专注地教中医。不少同学是因为高考分数不够高才进了"南京本地高校录取顺序在第三档"的南中医，很多人内心更认可南京医科大学，觉得更应该去读西医。总之，大家迟迟进入不了学习状态。

但苏强是一个例外。那时候的大学图书馆里，中医药大类的书籍，除了供教学、职称考试的用书外，对人有启发和开拓性的书非常少，他记得在整座图书馆里面，就一个书架，正反面而已。至今，他印象深刻的有刘力红老师的《思考中医》，还有更早出版的《名老中医之路》，读了这些书之后，他认为自己报考中医是正确的，内心也更加感激那位民间老师。

苏强所在的大班一共130多名同学，分为中西医结合、中医学、针灸学三个专业，他读的中西医结合专业录取分数最高。跟另外两个专业相比，因为中西医课程都有，学习压力更大，个人自由支配时间更少。虽然《针灸学》不算是特别重要的课程，但是他兴趣很大，不断找机会练手。有一天，大学同寝室的一位同学熬夜打游戏，第二天睡醒后发现自己落枕了，很难受，苏强看到后于心不忍，主动表示想施以援手，同学给了他机会。他翻书、考虑了下后，仅仅一针下去，同学说好了一大半，第二天告诉他没事了。

苏强对我说："我看书上说落枕要取后溪穴，局部还有落枕穴什么的，不过我都没用，我认为可以辨证取穴的，也应该会有效。我判定他是膀胱经受寒，在他的承山穴往下一点的地方，找到一个结节，当我的针扎下去之后，他说立马感觉到一股热流从脚底板往上贯穿到病灶的地方。"

"如果对中医真正有信心，自然就会一直喜欢学习，乐于尝试。

当你有了这个信念之后，你就会想在针灸上找感觉，你会乐意在把脉上找感觉，你也可能在古老的药物配方当中去找答案，总之，你就会很想去琢磨去研究，会去想里面肯定有大部分人都没有发现的秘密，如果我去做说不定就被我发现了。"

本科读到大五的时候，面临选择研究生阶段导师，这是影响将来工作走向的大事。"同班同学普遍联系鼓楼医院，或者军总这样的中西结合的老师做导师"，苏强最心仪的导师是一位"纯中医"——省中医院呼吸科主任史锁芳老师，经过努力争取，他的心愿又实现了。苏强的想法是，虽然自己读的是中西医结合专业，固然西医强大，将来临床上难免要学和用到西医，但是他想干中医，中医就更要学好。

每次采访中医，我都会提一个问题——"每个学医的人，都会有一条看不见的'信心'鸿沟，横亘在从跟老师出门诊到自己独立看病之间，你是如何跨越这道坎的？"苏强的回答是："我觉得是大胆的模仿。比如，模仿自己看到的资料，模仿人家理法方药讲得很好的地方，模仿大咖评价好的东西，自己要敢于拿过来试。我毕业后刚参加工作的时候，曾经模仿过山西的刘绍武老师，刘老师的学术特色是比较注重与脉象的结合，我认为自己对脉象的感受还不错，看书后尝试用了起来。就在前几天，我的一位老患者拿着一张方子来找我开药，他说'请你先看看这个方子，我吃了效果真的很好，你给我看过后我3、4年里面没有发作过，最近我想起来后，就又专门来找你了。'我当时看到那个方子，思考治疗用药思路，心中禁不住地想，真是百家有长啊，刘老总结的东西确实非常好。"

"现在回头看，选择好自己的老师，这一点非常关键，因为他一直给你灌输'中医很有用，你看我就用中药'。

不管老师看的病是大病还是小病，也不管临床上老师中西医结合的程度如何，哪怕他的中西医结合是以西医为主，但是只要他一直跟你说中医很重要，这点就很重要。"

——苏强

2009年，硕士毕业后苏强进入无锡市第三人民医院（即无锡市中西医结合医院，2019年与无锡市第四人民医院等合并为江南大学附属医院），他先到中西医结合病房做住院医师。众所周知，刚走出校门的年轻医生在中医药大学期间接受的西医教育是不够的，毕业走上临床岗位后，看病思维往往是乱的，定不住。一会儿是中医的思维，一会儿是西医的思维，中医不好用用西医，西医不好用用中医。这也是中西医结合专业医学生的普遍困惑之一。

平时爱学习，勤思考，有主见的苏强，再一次遇到了"贵人"。他有些动情地说："我当时的科主任陈宝华，是一位纯西医，很优秀，不保守，他手把手带我，帮助我在短时间内深度掌握了西医的基础思辨逻辑。更可贵的是，他并不反对我用中医，我很感谢他给我空间。而且，当发现你的思维有问题，他会立刻纠正你，我不止一次被他严肃认真地纠正过。他一针见血的风格，可能让人感觉很尖锐，但是我真是受益匪浅。"

2012年，经过三年临床工作历练，学术上坚持中西医并重的苏强，正在为自己的新目标——"一个病人，从住院开始，如果西医治疗12天出院，我就要用中西医结合的方法，让他7天甚至5天就出院。"——踌躇满志的时候，他接到了医院的一个新的工作安排，院领导讨论决定让"中医特点鲜明"的他到中医科接老主任的班，他成为了科室带头人。当时，他刚刚参加完主治医师职称考试。

这一年，苏强才28岁。热爱中医、疗效过硬，多家媒体对他采访报道有知名度，在提出中医科发展的重点步骤上可圈可点，这三点，是他获得院领导垂青的关键。

外人眼中的苏强是"赶上好机遇""被提拔了"，而苏强想到的是，他不仅要面临新的工作局面——从"病房＋门诊一体化"到全部是门诊，还要承担起全科室的管理职责，此外，家人并不能立刻都理解和支持他。终于，在诸多扑面而来的压力面前，名字中包含着"江苏坚强"意思的苏强选择了迎难而上。

苏强总结自己的中医科门诊经验，有三个特点：第一，诊脉比较准确，中医特色鲜明；第二，疗效比较明确、稳定，患者反馈满意；第三，重视患者需求，沟通尽量到位。

目前，社会上普遍关注医患沟通，苏强说，他很赞叹一些医生同行不仅医术优秀，而且待人接物上让人如沐春风，对患者擅长人文关怀，这方面他自愧不如。

他说自己并不是一般人所谓的"话聊"大夫，医生"态度和蔼，关怀备至"，尽可能地聊天和陪伴患者。一方面，医院每天门诊量很大，没有很多时间去做人文关怀；另一方面，相对来说，他更注重基于医疗本质的病患沟通。比如，有的患者跟他说想要治头疼，他接诊检查后认为并非简单治好头疼就完事了，他会根据对头疼的本质认识和治疗思路及方案，向患者主动认真解释清楚。苏强认为，医生绝不能仅仅满足于所谓消除或者改善症状，认清患者的症状后面是什么非常重要，以及接下来如何让患者也尽量充分了解，对治疗更加重要。

还有一点，苏强说自己不善言辞。比如，他曾经在临床上遇到患者需要开方五苓散，五味药里面猪苓的价格相对高，10克差不多就要10块钱。他认为在保证疗效基础上要尽量给患者节省费用，于是，他开方的时候就直接把猪苓换成了车前子，但是他不会主动跟病人说这些。

我想，作为一个日门诊量过百的青年中医，处理医患沟通方面，苏强的做法和经验是比较特别的，值得一些同样感觉自己嘴笨，不会跟患者打交道的医生参考和借鉴。

从自己一个人看病到带领好全科室医护同事，身为科主任的苏强给自己定了更高的目标。2013年，他以在职身份，考上了南京中医药大学的博士研究生，从学于著名经方大家黄煌教授。

苏强与导师黄煌教授合影（苏强提供）

苏强分外珍惜得之不易的深造机会，他的医术提升很快，患者美誉度也显著提高。相应地，临床工作的更加忙碌也导致他的个人时间更少了，而且，他也开始应邀业余给人讲中医课。这样，他写博士论文时间和精力受到不少影响，直到2019年，毕业期限的最后一年，他终于成功完成了博士论文答辩，获得学位。截至采访前，他仍是黄煌教授的最后一名国内博士生。

苏强说，从小到大，近三十年学习生涯，所见所闻受过教益的众多老师中，黄煌教授"对人非常包容，凡事都看人好的方面，令人印象深刻，非常受益，我终生难忘。"

"诸如很多人对中医不了解或者看不到中医的好，认
为中医难学，就业难，等等，我觉得都是因为眼光不够开
阔或深刻，自身的学习素养和能力不足。我就带着对中医
的信念很有兴趣地学习，一直到今天。"

——苏强

苏强在江南大学附属医院（严冬提供）

2. 从已知到未知（2017—2021）——离开体制探索新路篇

2016 年底，共和国历史上首部《中医药法》颁布，2017 年 7 月
1 日起正式施行。进入 2017 年，已经做了五年科主任的苏强，每天
临床出门诊、科室行政管理工作，攻读博士学位以及名气越来越大
带来越来越多的应酬、杂事……他感受到了空前的时间和精力的严
重不济。自己不能再这样忙碌下去了，苏强开始思考和跟人探讨各

种新的可能性，是否可以走出一条新的中医之路？就像人说的越努力贵人越多，再次经过"高人"点化，外表随和但内心特立独行的苏强向单位正式提交了辞职报告。

下决心走出体制内三甲医院的骨干医生，接下来的路，往往是，或者开设个人诊所，或者加入待遇和职务更理想的民营医疗机构，甚至改换行业跑道。而作为一心想要拥有中医"自由身"的苏强，他的做法有些奇葩，虽然辞去公职，但是保留在原单位的医生职责，他开始在无锡市的体制内外多家医疗机构坐诊，做他的"初心"纯中医。

今年6月，苏强正式结束3年多"游医"状态，开始尝试组建个人医生工作室。目前，仍旧没有注册诊疗实体机构，甚至没有在苏强所坐诊的五家医疗机构挂牌"苏强医生工作室"的苏强团队，除了他这个负责人兼学术带头人之外，还有行政助理（秘书）、医疗助理（针灸师）、财务人员等三人。

现在，工作室明确了三个目标：第一，吸纳和培养中医传承人；第二，打造特色诊疗模式和学术团队；第三，把时间和精力回归和聚焦到临床专长上。

7月23日下午，我第二次来到无锡。我先见到了新到任一个多月的工作室行政助理严冬，他对我说："前两点，对于创办中医工作室的人来说，大家比较容易有共识。关于第三点，我们的想法是，大家从市面可见，随着医生名气越来越大，因为口碑人传人的效应，各种各样的病人纷至沓来，结果医生看的病就非常杂，越来越杂。其实，术业有专攻，任何医生往往是擅长治疗某些种类疾病，这点来说西医就更加明显，但是因为受传出去的名气的推动，结果医生看了一些自己不太擅长的疾病，最后很可能是医生一方面花费了不少时间但是效果不太理想，另一方面，也延误了治疗那些更擅长治疗的疾病的病人。针对这个情况，我们提出一个目标是，尽量不勉强自己做任何事情，就是说，我们当前的状态一定要做到用80%的精力就可以相对轻松地完成当前的事。"

工作室行政助理严冬近影（老才提供）

我登时认识到，学术和临床对医生工作室无疑是至关重要的。如果说苏强是工作室的司令、学术带头人，临床和带学生由他一把抓，同样西医科班毕业、外科医生出身、做过多年生意的严冬就是他的参谋长，对内对外事务的"大总管"。

我问当天临时给病人加完诊，风尘仆仆赶过来的苏强，为什么会选择跟自己素昧平生，西医出身的"外地人"严冬搭档的时候，他看着我和严冬，不假思索地说："原因很多，比如有高人给我介绍他，我信任好朋友的推荐。当我遇到严冬之后，我觉得我们有很多共识，其中一个共同点是很重要的，就是我们对于'仁'这个字的理解是高度重叠的。当有了这个基础之后，在我们彼此能力有互补性，或者是我们的彼此专注点有互补性情况下，我就相信我们完全可以一起往前走，我想走得也会很愉快的。当然，还有天时地利人和，以及各种各样的细节，但这些跟我俩之间的最基础共识一致性相比，都不那么重要了。"

严冬说："我作为苏博的秘书，职责上，一方面要担起来和苏博的医疗相关的工作，但是我并不做具体的医疗操作，另一方面我相当于他的第三只眼，帮他一起观察医疗方向。说到工作室进展，这一个多月下来，苏博的诊疗、学术工作效率提升很多，比如，我们现在是集中力量抓好苏博的针药并用。同时，他的个人状态也越来越好，偶尔的社交活动中也不再给人紧绷的感觉了，现在苏博跟人聊天的时候就跟平时打坐的感觉差不多，如果在以前就不行。不管什么原因，如果大夫业余时间也一直处于很紧绷的状态，是不可以的。我们工作室伙伴们都希望苏博的工作和个人状态都越来越好，我们有信心做到。"

接着，苏强说："自从 2013 年考上黄煌教授博士生以来，我经常给人讲中医课，积累了较为丰富的教学经验，对后来自己带团队是非常有帮助的。但是这还不够，在严冬加入团队后，得到了很大的启示。比如说，我们探讨了很多大的问题。举例子说，第一，技术重要还是医德重要？两者的融合点具体在哪里？重要吗？实际吗？第二，中医的瓶颈在哪里？我们依赖什么去突破？和西医在这方面的区别是什么？第三，中医团队的本质是什么？我们为什么要建设团队？而不去追求做一个单打独斗的名老中医？"

不等我刨根问底，他自问自答："我们认为，技术和医德就是'标本关系'。急则治其标：就是说不管一个人是善是恶，他首先要用一个具体技术和在一个具体平台上养家糊口，解决温饱问题。中医界来说，经方和针灸技术的教学首先是达到了这样的要求。缓则治其本：工作和生活大致稳定后，支撑深入研究中医就需要高尚、智慧、中正的价值观，才会让中医人如切如磋，如琢如磨地每天进步，而且这种进步不会走偏。两者的融合点在我们的技术研究中就显得特别重要：不中正静心则脉诊无法细，不忘我高尚则进针不会'神'，不智慧不能掌握'舍小得大'的要点。

"我们说医者仁心，医术是仁术。术，可以理解成医术；仁，可以理解成医德。仁术，说的是医生这个职业者的心和术。没有仁心，不可能出仁术，仁术是真正的术，技不是术，更不是仁术。没有仁心不可能有高超的技术。有技无德，技上升不到术，更不可能是仁术，不可能会有好的技术。好的医生真正的关心的是人，而不是病，医生的心在人那里，他的技就能干掉这人身上的病，因为病在人身上。病人见到有仁心的医生，搭上几句话，药还没开始吃，这人的病就好了一半了。

"无德分两种，一是无仁心，二是有恶心。我们不讨论有恶心的，只讨论无仁心的。医术的本质是仁术。心里有病人，两个人就有了，就是'仁'。

"一个人，有仁心有仁术，全天 24 小时看病，能治好多少人？所以医生要有团队。一对一看好病是仁，多对多看好病是爱。仁者爱人，所以要有团队。"

> （做中医工作室）你一定要找一个搭档，当你找了个搭档，你会生出来很多东西，你的大脑会纠正你的不良行为，你的不良习惯，以及你的专业局限性。为什么一定要做团队呢？你不想停滞嘛，对吧？当你找了个搭档，你再接再厉继续做团队的过程，就是一个不断进步的过程。
>
> ——苏强

我询问工作室的目标和计划，严冬说："中医不好学，为什么要学？不好教，为什么要教？现代中医师生到底是什么关系？师生的核心纽带除了责任和情怀，怎样才能稳固？中医如何传承，小微规模的中医团体——中医工作室、诊所如何发展？这都是苏博目前在考虑和实践的问题。客观地说，我们没有给自己定性什么，因为都是在摸索。现在的工作室模式更像是一个超浓缩的单位。根据职责不同，分为学术带头人（兼老板），有医学助理，有行政助理，有财务。用苏博的话说，他觉得只有两件事情有意义，一是疗效，二是更多的人能享受到疗效。我们希望的团队，永远不搞什么运营和营销。一切都要围绕着'疗效'搞'学术'，围绕着疗效搞教学，围绕着'疗效'搞团队。所谓运营，是建立一个符合'学术型诊疗团队'的行政管理。所谓的团队'做大做强'是和患者共建一个再大一点的'医患共建模型'。"

　　望着苏强和我，严冬接着说："我们没有什么经济指标。6月份至今，我觉得我们的工作都是'渐进式'的。然而随着病人从现在的饱和到一年后的过饱和，必然很多原来的老病人自己和亲朋好友都会有30%的时候看不上苏医生了，因为挂不上号。那么，再过一年呢？苏博爱学习，越爱学，水平就越高，想请苏医生诊治的病人就越多，看不上的也就越多。怎样的传承怎样的团队怎样的发展，能满足人民群众对好医生的需求？苏强工作室也期待自己能完成一个'全新的模式'。也正是'能让更多的人看好病'这个朴素的理想，让苏博士想要打造团队。不然，一个人能看好病，有名气，还自由，不好吗？家长不是好当的。但是，当一个人有情怀的时候，责任就不会是负担。苏博曾对我说：'我们携手共进，不浪费这一次宝贵的人生。'"

　　经过两个多月的磨合，苏强工作室团队工作逐步确定和理顺。第一，明确工作室诊疗特点：内外合治、针药并用，具体治疗疾病范围是三大类，分别是妇科疑难病（如盆腔炎、子宫腺肌症、原发性痛经），亚急性甲状腺炎和亚健康干预（比如肿瘤和肺结节等疾病的前置预警、预防前置）。第二，明确团队日常工作安排：每周在江南大学附属医院、新吴区中医院等五家体制内外医疗单位出诊四天（含临床带教），两个半天的学术经验交流和资料整理工作，周四、周六休息。

工作室是导师学术能力的体系性放大和外延，鉴于苏强接受过严格中西医训练和有丰富的实践经验，工作室在中医的脾虚、肿瘤前置预警等方面，正在做现代医学诊断数据支持下的中医循证医学研究。虽然样本量还不够丰富，还不能下太多定论，但是已经有了一部分成果。

比如，临床上谷丙转氨酶、谷草转氨酶等肝功能指标超过 20 的患者是存在脾虚的，直接胆红素值如果超过 10 一定是要进行医学干预的。

在已发现的中医诊断和现代医学检查数据之间的部分相互关系基础上，接下来要结合更多的数据进一步梳理和归纳。中医看病传统是四诊合参，苏强工作室憧憬在未来临床上，能整合进来更多更系统的客观可信的现代医学检查报告，更好地看病。

至于癌症，有一些肿瘤标志物，如果说数值上 20 ~ 100 都是正常的，当临床上还没有显示出西医的诊断依据，往往只能被动等待出现癌症。他们考虑的是，如果数值达到了上限，跟中医的临床诊断有哪些相关性？在通过中医治疗方法进行癌前干预后，哪些数值有所下降？这些相关的持续研究也是有价值的，他们希望积累更多的临床观察数据，得出更多有规律性的中医循证医学研究结果。

"生化指标的变化是我们中医用来判断患者病情的一个依据，它本质上跟我们把脉的手指并没有区别，它就是你身上的东西，我们怎么不能拿来用，中医不是以身体为本吗？如果中医以身体为本，西医的东西我们都能拿来用啊，但为什么别人不把它拿来用？因为他的老师教他的时候就没有拿来用，他的老师没用这个，他用这个干什么呢？他老师不用他为什么就不用呢？这就是第二个问题。他没有提高自己的敏感度，他要提高自己的敏感度，如果这个东西这么好用为什么不用呢？"

——苏强

严冬说："苏强工作室正在尝试着建立一个教学模型、一个学术化的诊疗团队模型。什么是适合自己的最佳、最优、最快和最稳，是摆在我们眼前的问题。一个人浑身是铁能打几个钉？被铁杆粉丝称为'苏神'的苏博，很想在不断进步的过程中把自己的技能输出，能让更多的人看好自己的病。

"能培养出来更多的苏博这样的医生，比自己强更好，最好是天下无病。有病早治，无病早防。很多时候我们在病人看病离开以后会说：其实他可以到不了这个地步的，其实他可以很健康的。有好的中医医生、有早早配合中医的人，大家其实很难得病的。天下无病是个愿望，我们身边的病人从有病到无病，到自己和家人几乎不得病，不就是'无病'吗？医生有能力，大家有认知，不就是'天下无病'吗？

"有一次苏博对我说：如果孩子从小到大每年两个假期，家长都可以带孩子来看看（中医），该治的治，该调的调，该学的学（学养生和养育），绝大部分孩子都会是现在健康苗壮，将来几乎一生无病的。说这话的时候其实苏博是很无奈，也很替人惋惜的。中医的哲学，不仅仅体现在身体层面，更在于精神和灵魂。中医的哲学是'天人合一'的哲学。一个天人合一的身心灵，还能得多大的病？还是几乎不得病？"

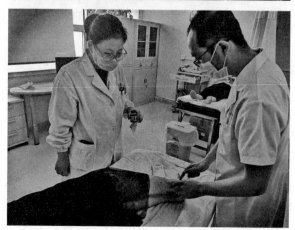

苏强在无锡市妇幼保健院工作中（严冬提供）

　　"中医难学，怎样让它变得简单？学中医的时间很长，怎么把它缩短？怎么让青年医生没有后顾之忧？总之，如果工作室团队是一个平台，就要真正想办法让青年医生进步得快，学习时间缩短，有发展有前途，大家共同创造这个平台，这样的平台就是一个好团队。"

——严冬

苏强接受电视台采访（严冬提供）

3. 热爱不是名词，是动词——问答篇

　　（注：以下凡不注明回答者的，都是苏强本人的回答）

　　问：你从 2017 年辞职到 2021 年 6 月组建工作室，在创业认识上有何不同？

　　答：2017 年前，我的基本视野都在出门诊和本地；2017 年后，离开医院，跟全国中医同行交流增加不少，视野宽广了很多。尤其是在黄煌教授的南京中医药大学国际经方学院这个大平台里，我一直没有停止过给基层中医讲课和带教。同时，通过不断地认识和结交其他地方的明医，对自己的学术水平提高了要求：不光是在临床上要做得到，还要在上课的时候给人讲得出来，讲得好。另外，我也在不停地思考更多更大的问题，比如说，怎么建立起来一个兼容并蓄的中医体系，以便能像海绵一样吸纳营养。

问：为什么辞职后继续在原单位等公立医院出诊？

答：其实，公立医院最担心的是不要给医院管理带来麻烦，而我从医以来的心愿和想法始终是，无论是对老东家，还是其他公立医院这类体制内医疗机构，我都是希望给对方加分的（包括无保留地给医院带教青年医生），从来没有想给对方减分。事实也证明，合作后彼此是信任的，医院也自然乐于给你加分，双方是互相加分的。表面看，保持这个合作关系不太容易，其实，我们的定位就是提供医疗技术服务，注意力都放在病人的疗效上，只要自己不想多，自然就容易了。（严冬补充说："几年前苏博的门诊量就已经饱和了，患者量是充裕的，实际上绝大多数是慕名来找苏博士的。"）

问：多年来，中医界苦人才数量不够、质量不高久矣。工作室要发展，离不开越来越多的临床人才，离不开传承队伍的发展壮大。对于人才培养，你在院校读过本硕博，体制内担任过中医科科主任，辞职办工作室一路下来，最大的体会是什么？

答：我认为，作为工作室学术负责人，导师自己的思想转变是非常重要的。严冬加入后，他对工作室的各项工作推动很大，尤其是他关于运动员和教练员两种角色的说法，让我深受触动。作为医生，往往越热爱临床工作，越喜欢钻研技术。中医又拥有悠久的历史，传承流派众多，博大精深——所以医学界常见的现象是，临床上，一个大夫已经选了经方了，后来发现除了经方还有《辅行诀》，除了《辅行诀》还有这个理论那个理论，然后又看到《黄帝内经》

上的一句话，还有《中医各家学说》，可谓无穷无尽——往往医生都成了追求更高更快更强的运动员思维，但现实是学无止境。

对于工作室来说，要生根、要发展，导师必须要首先深刻意识到，自己必须优先树立起来教练员思维，而不是继续做一个优秀运动员。只有积极换位思考，调整心态，才能放下和超越运动员思维，站在学生角度，关注他到底哪些知识和技术能够接受，哪些不能接受。比如社会上有不少人认为，国家组织编写的中医药大学教材不太适应医学的发展，但是当我们思维转换后再回过头去看，就会重新认识到，其实教材本身并没有错，只是作为读书的人自己要明确，这个教材到底是给一个本科生看的，还是给一个研究生看的，还是给一个临床干了 5 年、8 年的人看的。

从运动员的思维转变成教练员思维，这肯定很难，非常难，一个是利己，一个是利他，其实古人就是一直在追求这个境界吧？原来让我自己变得越高越强，是利己的，现在我要让别人变得越高越强，要利他。这个转变就是一场修行。从古到今我们都讲医者要仁心仁术，如果工作室导师眼里只有患者，当你对患者越仁爱，你就会越追求个人医术如何如何，而容易忽略了自己作为导师，教育和传承是要对学生仁爱，否则学生就会距离你越来越远。这样的结果从根本上是不利于工作室建设的，你说尽快转变为教练员思维重要不？

问： 很多中医人，甚至毕业 5～10 年，主治医师以上了，还在追求各种术、技法的阶段，你怎么看？

答： 我体会过这个过程，其实是很可怜的。我用两个词汇做下说明，"求知欲"和"求知"，虽然这两个词就差一个"欲"字，但是差别太大了，简单地说，求知欲是失衡的，而求知是无止境的，是光辉的灿烂的，是稳定的。

问： 怎么能达到超越求知欲进入求知状态呢？

答： 因为"根器"不同，或者说基础不同、性格不同，等等，每个人需要的不一样。比如，我是一个求知欲很强的人，所以我的入门是通过静坐这个古老的方法，因为静坐对我来说就是一个新的东西，我求知欲很强，我当然想学习它，我不断地以这个为目标，不断地用求知欲去求它的时候，当我放下求知欲的那一刻，我就得到了。

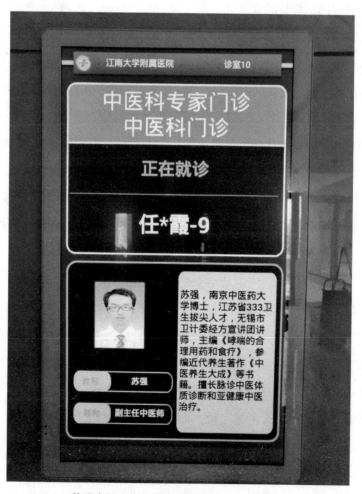

苏强在江南大学附属医院出诊（严冬提供）

问：你说自己"中医这条路，差不多学习十年，工作十年，迄今感受最深的两个字：悟性。"请解释一下悟性是什么。

答：我们经常讲一句话叫"大道至简"，让人以为大道真的很简单一样，其实它包含着丰富的变化和过程，这句话只是给我们一个最后的结论，距离我们真正理解"道"还很遥远。以前我一直没想通，我现在的理解是，这叫作借用智慧，它不是你的智慧，它是你的老师经过长年的经验积累后，把这个智慧直接给你的。其实，你并不理解这个智慧的含义。

再举一个例子，我们中国人常讲"与人为善"，这也是一个很高的智慧，与人为善之后包含各种很丰富的利益，我们认为自己会信守这条原则。但是往往是，我们生活中经常就会为了10块钱与人不为善了，在那一瞬间，"与人为善"四个字早就抛在脑后了，这是为什么？明明理解了，也很认同，但是人在执行的时候你会发现，咦，怎么跑到天边去了？所以说，这个智慧并没有融入我们的血液里面，你只是了解它而已，没有在根本上理解他，因此，也就没有办法实践到位。

所以说，仅仅是老师把道给平移过来了而已。我们往往是把道学成了术，就会想我为了实现这个道，应该用什么术去把它堆积起来，去解决这个道。注定是结果是南辕北辙的。

我认为，悟性就是把道直接全部平移过来的能力。

我再举一个例子，以前没有飞机的时候，大家想上天都会去模仿鸟类的行为，比如把翅膀做得更大一点，让翅膀扇动的速度更快一点，但是实际上飞行的效果都不如现在的飞机，而飞机根本不是模仿鸟。真正能上天的是飞机，而不是那个"鸟人"。

还有，我们想理解好《黄帝内经》，如果让自己站在《黄帝内经》的角度去以经解经，肯定理解不了。我想理解五行，我就要在阴阳的层面去理解它，如果我要理解阴阳，我就一定要在道的角度，才能把阴阳解释得清清楚楚。

因此说，当我们需要思想上做出跨越或者突破的时候，并不是要获得更多，而是要放下更多。

具体地说，如果年轻医生想要突破，他就需要考虑跳出原有的思维维度。怎么理解跳出来呢？

我们中国人的传统思想，不管儒家、道家、佛家，往往都会提到一个人心静的重要性。心静则自然慧生。比如，一个医生在看病的时候，他为什么能够平静？他不是天生就能平静的，否则他真就是天才了。他是在职业生涯中不断锻炼后变得越来越平静的，是他跳出原有的维度的结果。

问：你中医读到博士，做过科主任，又在创业做中医工作室，对中医有什么最新的思考吗？

答：我认为，当一个人真的喜欢中医，就会发现中医本身是非常有魅力的。

首先，中医的思想能够帮人彻彻底底地想明白一些道理。中医不是常讲瘦人多火嘛，像我这样体型的人，任谁把脉，脉象一定是洪大的。事实上，我从读大学的时候脉就是洪大的。而且，夏季也往往是人脉最大的时候。前几天我想到好久没有给自己把脉了，我就把了一下，很意外，我发现自己的脉象竟然是收起来的，这就引发了我的进一步思考。为什么脉象是收起来的？当想通了的时候，人就会非常开心。这件事启发我们，中医始终能够从它的角度，带给你很多的深刻思考的机会。

其次，当一个人想不通的时候，中医能给自己带来快乐。看病变成了一个帮助你摆脱世间烦恼的方法。

如果医生看病超过体能的负荷，肯定身体是痛苦的，但是心里是开心的。当它还没有超出你的体能负荷的时候，其实你是在逃避其他问题，我想不少中医就是这样的，比如，有的医生也想做工作室，但是真做了，他又会给自己跟团队步调不一致找借口，因为对他来说看病就是逃避自己不愿意面对的问题的借口。

当过了这个阶段的时候，我们可以从中医的角度放下来一点，再想想自己看的病人，做的事，这时候就可能会有想到如果再利他一些，是不是能够提高我的境界？如果我一利他，立马各种情况就改善了，那就说明利他利对了；如果利他的时候，还有点痛苦，利他可能就利错了，甚至利他的方式也不对。

问：目前苏强临床带教的年轻医师情况如何？

严冬答：当前在江南大学附属医院、市妇幼保健院、嘉仕恒信医院都有本院医生（硕士研究生毕业）跟诊学习。苏博不保守，自己知道的一心想着都能教给学员。因为中医学习不形成讨论，就不太好学，所以我们现在在开展定期由学员来给大家讲自己有心得的医学话题。什么内容都可以，只要自己讲得开心就好。然后大家轻度讨论，苏博适当地给大家总结。

我们感到，学员的积极性在快速提高。至于学习满意度，还是看学员自己。积极努力有追求的彼此满意度都高，因为这样的学员有能力互动。现在主动开口问老师的学员还不太多。有时候也真的不是学员积极性不够，而是中医太难学了。涉及的知识"太高"，而且少有数字化的标准。比如中医的最高统摄，实际上不是"科学"，而是"哲学"。中医，是建立在哲学基础上的科学，所以难学。再比如四诊合参，望闻问切，这四样，比如舌象，能看明白是什么舌质、舌苔就已经不容易了，能看明白是什么还得知道代表什么，知道了代表什么还得知道为什么（辨证逻辑）。中医的各种辨证再往上，就是阴阳五行这个高度总结哲学。难不难？是好学还是好教？当然，这都是我们关注和想努力有作为的地方。

苏强工作室合影（自左向右：学员、财务、苏强、行政助理、
针灸推拿师）（严冬提供）

尾声：怀抱理想，苏强工作室在路上

2021 年 5 月和 7 月的两次访谈中，我注意到，无论是苏强还是
严冬，他们都非常强调"人"。

苏强说："作为一个医生，到底应该重视什么？比如有没有德？
因为德是一个人行为的最终体现，他不管做什么，必须要有这个德。
即使没有得到所谓的道，但是他有这个德就是好的基础，因为德是
道的最大体现。比如说一个人善良，善良是德的基础条件，如果这
个人不具备善良，那么他肯定就已经离德很远。现在的社会价值观，
比如说组建团队，团队想要盈利，你肯定要找有才的，但是有才不

一定有德，当有才没有德的时候，短期是加分的，长期肯定是减分的。"

即将完稿前，严冬发微信给我："老才，有你在远方，我们知道有一双眼睛在看着我们，希望'苏强工作室'能为社会做点什么。我们也会更努力。我相信苏博也会更有信心。因为不只是患者和自己有期待，朋友们也有。"

苏强说，学医从医近20年，目前他有两样东西没有体验过，一个是到类似"三和公益行"活动去过的比较偏远的地方，做一次义诊，他想实地了解下当地缺医少药的实际情况。另外，他想再了解下当地的主要病种是什么，看自己能够帮老百姓做些什么。因为像江苏省内包括农村地区，政府在医疗健康投入上很重视，农村的医疗资源也是挺不错的。

他说，多年来，一直在医学学术和实践环境中学了很多技术，比如中医内科、针灸、正骨，等等。临床上，内科加针灸，就足够了，看病的话已经看不过来了，即使说做研究，这辈子也够研究了。

对于自己临床上少用的中医正骨，他想将来找机会要传下去。一方面，他担心自己的正骨老师将来走了之后，这个技术可能就面临失传的危险。从他看来，可能大部分的人不需要这个技术，但是有一类人需要，就是住在养老院、敬老院的平时不会有太多关注目光的老年群体。根据他的经验，他们很可能会在比如洗澡的时候不小心骨折了，然后就无奈地躺在床上，老年人一旦躺在床上，因为感染和褥疮等一系列问题，不消3个月、6个月可能人就会没有了，很可惜。

他认为，正骨的小夹板技术对这个人群肯定是有效的。客观来说，做这个人群的正骨，跟他的工作没有直接关系，而且真想做好的话，不仅要占用不少的个人时间和精力，而且他相当于重新开始，包括学习影像学、跟着上手术，需要很大的学习量，这是个不小的负担。但是，如果真有机会去做的话，他愿意去努力，去争取。

20 年前，听从老师建议，中医小白苏强毅然走进社会大众眼中的窄门——中医；4 年前，博士没毕业的他踏上独立探索中医之路；新冠疫情改变世界的第二年，"苏博"从单打独斗"升级"为组团作战。

中医这条路怎么走？中医怎么发展？年近不惑的苏强和新生的"苏强医生工作室"，一直独树一帜地默默做着诸多学习、思考、分享、讨论，还有努力。苏强医生工作室前景如何，以及更多的经验分享，让我们拭目以待。

苏强的身上有一种理想主义精神。我离开无锡前，他说："我觉得理想主义一开始是别人给我的，然后第二阶段是我自己找到的，接下来就会贯穿始终。"

七、刘晓君：不靠卖药和输液打针，村医怎么干下去

一名普通女村医，眼瞅着药卖不动了，打针输液的越来越少，正在走投无路的时候，一记电话进了2017年山西省忻州市代县黄帝内针公益班，成为唯一的一名"旁听生"，她扎根基层，坚持践行内针三年多，现在每天一二十个病人，大部分患者来自外村甚至更远的地方……

1. 引子

刘晓君的村医室，位于山西省忻州市五台县城边上。一间不到20平方米的农村老旧房子，总共300来口人的小村子，村口一条细长小路，私家车开不进来，没铺沥青，坑洼不平的，窄的地方两个大人对面走得侧身才能通过，周围民房都很新，也更高大气派。我们三个北京来的，第一次踏入院子，都觉得这里更像一个最普通的农村老宅子，而不是想象中那种"日新月异的中国新农村"的村医室，甚至有点失望。

2. 十二年，她一心扑在两件事上：生育照顾好两个孩子，担得 起村医工作

2020年8月31日下午两点，我们一行三人（同有三和基金会黄帝内针公益行负责人余江燕，以下简称燕姐；志愿者司机刘哥和我），驱车6个小时，县城附近简单吃口饭后，跟着来迎接我们的刘晓君丈夫高俊祥的车，终于到了此行目的地——五台县台城镇东龙泉村。

刘晓君院子很小，坐北朝南，院门右上角挂着"台城镇东龙泉村卫生室"方形铜牌，左上角也有一块牌，风吹雨淋，看不清楚了。这是一座非常常见的北方农村小院子，正房一大间，小偏房两间，墙面都是黄泥，房顶长着半米多高的青草，看上去弃用很久，院门斜通向正房房门的地上铺着一窄条青石路，七八米长，路两边栽种着一些大葱和青萝卜等蔬菜，长得随心所欲的样子。

走进正房，一共两间，在外间屋（即刘晓君的诊室，下同）一眼就见到了本文主人公女村医刘晓君，只有她一个人。她圆脸，不胖不瘦，一米六五上下，自然微笑，站在那里，听高俊祥挨个介绍

我们后，让我们落座，倒水喝，她并没有嘘寒问暖，主动说什么，也没有明显的紧张感。

诊室近正方形，十五六平米，摆放着两个组合柜、两个药架子、两个药柜、两张桌子、三把靠背椅，两张沙发椅和一张改制的小床，屋里满满当当的，一个输液架，门口的桌子上一个长方形托盘，放着一堆一次性针灸针和一个装酒精棉球的广口瓶。

高俊祥、刘晓君夫妇先后参加内针公益班的照片

靠里面桌子的墙上，贴了不少照片，基本跟黄帝内针公益班有关，集体合影，跟内针公益班主讲老师、内针当代传人杨真海老师合影，领毕业证照片，等等，已经有些褪色了。墙上、组合柜上、桌子玻璃板下面，到处都是各种药品广告，花花绿绿，让人有点眼花缭乱。门口墙上，一张海报，是这几年同有三和基金会到各地举办黄帝内针公益行活动，培训班结束后贴在义诊点用的。还贴着一张扎针注意事项。里外屋之间没有门，靠南窗一铺火炕，两个学生衣着的女孩正熟睡着，鞋没有脱，四条腿伸出炕沿外，两条腿长两

条腿短。脚下有个铸铁地炉，床边靠山墙有张小书桌，书架上摆着不少青少年读物、课本。

好像被高俊祥说中了，他接我们的时候说下午没病人，我们就一边屋里屋外看着，一边打听着周边地理历史啥的聊天。

大约二十分钟，院子里进来了一对 70 岁上下老夫妻，五六分钟后，陆续又来了两三位老乡模样的人。他们自行散坐在诊室的三张长沙发上，基本不说话，静静等着什么。我想，应该是扎针的患者。咦，高俊祥不是说下午没病人了吗，怎么看上去还不少呢？

大概过了一刻钟左右，刘晓君端起托盘，她或者跟患者并排坐着，或者站着、蹲着，开始挨个给人前臂和手上消毒、扎针。"你看，她消毒的方法，都是整条胳膊的，这是我 2017 年 7 月听杨真海师父忻州第一期内针公益班时候学的，她也是这样消毒。哈哈。"高俊祥一边指着接诊的刘晓君，一边跟我们说。满脸的笑容，带着些许自豪感。刘晓君也微笑了下。镜头里她扎针的表情有一种笃定，手很稳，干净利落。

工作中的刘晓君

有点破败感的老院子，狭小局促的诊室，一位素朴内向的女村医，两个尚未成年的女儿，这里是单位，也像家，十二年，4000多天，刘晓君这个村医是怎么干的呢？三年前意外接触的内针给她带来了什么？我更加好奇起来。

3. 学了不少适宜技术总是失望，一记电话她意外成了一名内针公益班"旁听生"

一次黄帝内针公益行结束后高俊祥带回来的海报

刘晓君比高俊祥学内针晚1个月。她不是跟丈夫高俊祥学的，她也是参加的内针公益班，高俊祥是2017年7月20日忻州第一期，她是2017年8月29日代县第一期。代县开课的前一天，28号，刘晓君结束助理执业医师考试，刚走出考场门，高俊祥车就到了，载她直奔代县学习班去报到。这期学习班上，高俊祥担任了辅助助教，他"大力推荐"没有学员名额的村医妻子做志愿者，说是可以来给帮帮忙。

开班后，刘晓君基本上每天都是坐在教室第一排听课，记笔记，生怕落下老师一句话，漏记一个字。她认定，只要能让我听内针，让我干什么工作都行，我就是奔学习来的。

"当时她为什么那么认真学习？"正拍摄弯腰扎针的刘晓君的我，侧头问高俊祥。刘晓君直起身来，望着我们说："这故事可长了。"我们几个人走出诊室，高俊祥搬来几个小马扎，我跟他们夫妻，还有燕姐、刘哥一起坐下来。

高俊祥和刘晓君都是五台县农村的，不是同一个乡的，一个大专学西医，一个读的中专医士班。毕业后24岁的高俊祥在东雷乡卫生院做公卫工作，19岁的刘晓君在药房或者村卫生所打工。

高俊祥的单位，距离当时刘晓君工作的大王村卫生室有二三里路，很近。2006年的一天，高俊祥骑摩托车交通意外，脸部擦伤，挺严重的，刘晓君帮他上药，换药。没想到，一场飞来灾祸竟然促成了两个人互生情愫，他们2007年结婚，没有房子，借住在高俊祥的单位宿舍，直到2008年8月小夫妻搬到刘晓君娘家东龙泉村。

"为什么你们后来要搬到这里呢？"我看着他们说。

刘晓君说："因为成家了，我也怀孕了，我们想有个自己的诊所。一开始想在高俊祥老家，当地医生太多，村医证办不下来。后来几经打听托人，在我娘家东龙泉村这里，原来的村医证好几年没有年检了，然后我才在东龙泉村办下这个卫生室，于是我们租了这个院子，房东一家早就搬到县城里去了。从2008年8月份我就开始了这份村医工作。2009年国家有了新政策给村医发补助，每个月400元，原来的村医人家又回来了，说要跟我合办卫生室，于是我俩每人每月200元。她不太会看病，就只负责村里公卫那块，卫生室平时就是我一个人，日常接待村民们买药和看病，主要就是打针输液。每月400块的村医补助，10多年了，一直没变。"

看着小偏房顶上的杂草，随微风摇摆，我轻轻点头，自言自语：

"十二年村医一干到现在，还要同时照顾两个孩子，不容易吧？"

"孩子还好，该怎么带就怎么带吧。主要是卫生室一开始没病人，没人相信你。"没等我转过头，刘晓君声音传进了耳朵。说话间她已经走进了诊室，又来了患者。

半个小时后，我们又坐下来继续聊她这十二年村医是怎么当的。刘晓君一脸认真地说："我念书成绩不好，好在中专录取通知书来了，父亲说也不能总在家里待着吧，就上学了，后来读完中专又读了大专。毕业后就在大药房、诊所给人家打工，药房就是卖药，诊所就是打针输液，都是西医的东西。2008 年自己干村医室，也就是根据之前自己在大药房、诊所卖药、打针输液的那些经验，没有什么看病治病专长。一开始没有病人，也就只能是挺着吧，来一个咱就认真对待，不待慢人家就是了，村医能咋样？不就是这样吗？有的村医甚至都不懂医。"

"那你对中医怎么看？什么时候开始想进修学习些基层适宜医疗技术的？"我问。

"对于中医知识，学校时候上过一些课，不过那时候不重视，到期末考试时候才突击看下书而已，更没什么实际经验。从 2008 年干村医，到 2017 年学习内针前，我一直都不怎么相信中医，认为针灸治疗疼痛，就是疼痛转移了；喝汤药，比如胃病，两三天后，还是不行，还是吃西药更方便。看西医多简单方便，老百姓也乐意，来了往往主动要求打吊瓶，大夫也省心，不用磨嘴皮子跟人家介绍新技术新疗法，老乡们哪肯信啊。"

我点点头，看向一边的高俊祥。他接近一米八，身材魁梧，眼睛很大，一副干练的样子。他瞅着我，一只手摸着后脖颈一边说："这个村总共才 300 人，距离县城也近，几里路而已，村里人小病自己买点药，严重些就到县里、忻州甚至太原看了，一开始我们没什么病人，也不知道怎么办好，听那些跑药品业务的，还有推销保健品的说有什么什么医疗技术学习班，但是要进很多货才能进班学习，那时候我一个月工资才四五百块，她（刘晓君）没有工作，还怀孕了……后来，随着上头对村医室打针输液管理得越来越严，我们也怕出事儿，就想多学点中医类适宜技术，一有机会我们就去听各种课。"

"这些年都学习了什么技术，工作中用得上吗？"燕姐问。

高俊祥说："陆陆续续我们学了不少，针啊、贴啊、小儿推拿什么的，因为各种原因，基本都没有坚持下来。直到 2017 年她学了内针，一直用到现在，现在就是用内针了。"

我禁不住插话："为什么其他技术没有坚持下来？"

"培训班上，我们学员都是学西医、护理的多。有不少课程，老师上来就给你讲具体理论，不讲中医基础，听得你晕头转向的。一期学习班就 20 天，别说 20 天，感觉学 3 年都学不懂。有的课程老师一讲就是一大套，然后你还没听懂呢，下一句又来了，比如有的课就知道了创始人和技术的名字，其他都没记住。我还学过小儿推拿，所有操作都教给你，就是最后辨证没有教，老师说辨证不会（单学技法）没用，我心里说，为什么不早说，如果早说，我早就不学了。后来知道，如果要学，还要再来学习（收费的课程），人家 20 天课程已经上完了。到最后感觉像课程广告一样。"

"参加内针学习班跟它们有什么不一样？"燕姐问。

"内针跟它们都不一样，内针简单易学，没有那么多深奥的中医道理。虽然叫黄帝内针，但是没有多少古文和拗口难懂的中医内容。我不是说别人家的不好，也可能是咱们中医底子薄，没缘分吧。"高俊祥边说边站起来，来回摆动着右手。

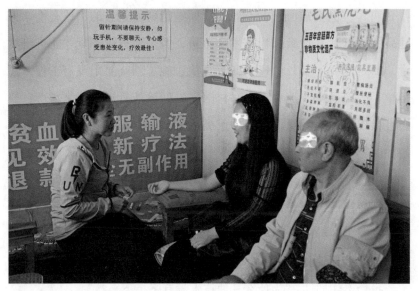

工作中的刘晓君（2-2）

我扭头问刘晓君："内针这个缘分你们是怎么结下的呢？"

"说来话长，他（高俊祥）这个人性子急，还爱玩，很多培训班他去报了到后就脚底抹油，跟朋友游泳去了，玩儿去了。但内针能把高俊祥留住听课，是因为他以前手抖的毛病特别严重，2017年7月份他当时在忻州参加内针公益班，他给自己扎了几针后电话里跟我说，手好多了。他说，这个内针好，一定要学。我8月27号参加完执业助理医师考试，第二天就是代县内针公益班第一期，他就直接从考场接我去代县。我就这么成了一个旁听生。"

高俊祥接着说："大概2016年的事儿，有一次我下乡回来手就抖得厉害。当时我是给一个女患者拆线，她是隆鼻手术还是啥的，我发现自己手拿着刀片的时候，抖得非常厉害。读书的时候我是在省人民医院实习过的，什么患者没见过，之前跟老师一起做脑瘤手术也没有抖过。"

燕姐问他："你没有找大夫看吗？"

"找了，当时找过一个我们县上很有名的李大夫给看过，开了两次药，开的一堆蝎子什么的，药又苦，我又怕，为了治病，我忍着难受喝了十几天，没有明显改善。说实话我自己也不知道怎么用内针扎好的。她（刘晓君）说我爱玩，不假。我前面也说了，之前很多培训班参加下来，我认为大同小异，根本学不到啥，所以一开始也不信内针班就有什么高明之处。当时我是被人'拉壮丁'去的忻州第一期内针公益班，去奇村（作者按：公益班所在地）主要就是想游泳（作者按：奇村当地有温泉游泳池）。因为报到的当天，晚上安排有学习班助教老师分享内针学习经历和心得的环节，听上去很神奇，不太像假的。我听完分享已经九点半了，不能去游泳了，就请教嘉宾宋杨大夫，像我的肚子一遇凉就痛，拉肚子，能不能治？他说太简单了，上两天课你自己就会治疗了。他问我有没有预习《黄帝内针》书，我说没看呢，他说你赶紧看。然后我就立刻从车的后备箱里找出来别人已经送我一个月之久的《黄帝内针》书，很薄，内容通俗易懂，我一鼓作气两三天就看完了，课听着也简单明了。上课第二天，因为教室里有空调，我肚子难受，就想扎内针试试有效不。当时助教老师帮我扎的，记得就扎了一针手三里，肚子不难受了。第二天我还让老师扎，老师让我自己扎针，没办法，我只有自己动手，扎了两三天，肚子就好了。同时，意外的是，手也不抖了。这下我服了。所以后来的课就坚持下来了。直至参加结业考试，得到了结业证书。"高俊祥说。

"这段不是你编的吧？还是内针确实跟其他技术有什么不一样？"我盯着高俊祥问。

他指着刘晓君说："我认为是老天爷安排的。你看她前一天27号考完试，第二天代县内针公益班开班，一天不早一天不晚，无缝对接。村医参加的很多培训班，学员中医底子参差不齐，感觉学西医、学护理、搞推拿按摩的更多些，作为一个学习西医出身的人，我认为相对中医来说，可能西医学习内针更容易些。因为西医就是一张白纸，中医反倒容易排斥（内针）。他们往往已经有条条框框了，我感觉他们想得有点多。比如跟他们之前学的（中医知识）会有些冲突。"

燕姐望着刘晓君说："晓君，你说说自己参加代县内针班经历吧？"

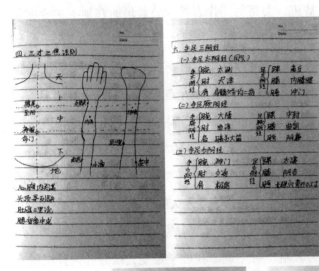

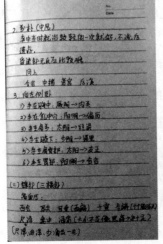
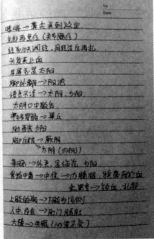

刘晓君的听课笔记

刘晓君先看了一眼高俊祥，然后说："我学内针之前，2015年、2016年那会儿，看国家政策也好，看本地规定也好，我内心也定了，村医这个工作必须得转行。跑我家的药品业务员、搞保健品的都说，往后不再让打针输液了。我的村医室卖药很少，基本靠打针输液。但是那时候不知道该学什么，人说你该学按摩、推拿，但我究竟该学啥，我啥也不了解，而且学习的话我能掏得起学费不？他（高俊祥）告诉我必须要去学习内针，看他这次有一股以往少有的认真劲儿，我也有点好奇。在培训班的时候我除了想好好学习，其他什么都没想，老师讲的一句话都没落下，舍不得。对听课要用到的经络知识，自己还有读书时候留下的印象，所以不觉得多难。记得有一天课间休息，高俊祥让我给真海师父倒水，我说我一直忙着听课忘了。呵呵。培训班紧跟着的义诊环节，因为我不是正式学员不让我扎针，让我负责导诊，不过我特别好奇，心痒痒，想我可以试试针吗？当时自己那个着急啊！"

4. 想扎内针没病人，当村医九年后再次从零艰难起步

"学了内针后，信心是怎么建立起来的，怎么从一个蹭课的旁听生变成了一个'铁杆'内针大夫的。毕竟你学习的时间非常短。"燕姐继续问刘晓君。

刘晓君又看了一眼高俊祥，继续说："（2017年）8月份内针班回来后，我就想着一定要尽早给老百姓扎上针。他（高俊祥）单位这几年因为国家重视农村医疗，他就比较忙了，整天在外面跑，下乡普查啥的。虽然他学得比我早一个月，还做了代县我这期学习班的辅助助教，可是我基本指望不上他帮我。好在那时候，有一些老患者，认识得久了，来打针输液的时候，我就跟他们讲可以试试扎针灸。我见人就说，相信早晚会有人动心的。那时候一般每天就只

有一两个，有时候就没人。"

"她以前十来年都是卖药、打针、输液，老百姓不信她会扎针灸的，才学了短短几天就会扎针了？那时候真的很难，甚至比2008年一开始干村医的时候还难。老百姓不信你。"高俊祥插话说。

刘晓君村卫生室墙上的扎针提示

刘晓君继续说："因为代县培训班我是以志愿者的名义旁听的课程，实践机会太少，早点给人扎上针，尽早建立内针疗效的信心是我最渴望的。

"记得刚学内针回来一周左右，来了一位同村老太太，当时她六十八九岁，常年过敏性鼻炎，经常来买药。那天她是一个人爬着来我家的。她说自己很难受，老伴说她装病，她怕死在家里，就爬到我这里了。我看她的样子很可怜，就想试着扎一下吧。我认为她是脑梗，一量血压，果然特别高，赶紧给她耳尖放血，血压下降了20mmHg，然后按照内针理法治，起针后她就好多了。连续扎了两天，她基本就恢复了，自己走路就来了。我让她去县医院复查一下，她去医院，拍片子后大夫说是脑梗，她跟人家说是自己村里医生给她治好的，让她来县医院确诊下。她现在还活得挺好，经常来我家，鼻炎也好多了。这个病人给了我很大鼓舞。

"我就想着，要有耐心，毕竟学习时间还很短，慢慢收服人心，给老百姓逐步配上扎针，帮他们转变思想，比如有的病人怕疼，有的效果好，有的差点，这些问题，我都逐步摸索怎么面对。

"自己准备好，可能机会就来了。比如，我这里有几位六七十岁的老病人，固定一年来输液两次，输"活血"的药。其中一个老人平时身体还挺好的，有一天他突然感觉脚后跟好像被垫起来似的，感觉自己出问题了，让我赶紧去他家。我赶过去，按照内针理法辨证后在手上扎了一针，他脚上的异样感觉马上就没有了。他很满意，我也暗自欢喜。从此往后，我就留心老百姓的一些急性病，第一时间给他们扎上内针。只要有效，内针的好口碑就会建立起来。如果效果不明显，我就自己琢磨，看是辨证不准，还是阿是穴找得不对，等等，也会等他（高俊祥）下班回来后交流看法。

"我就一个念头，有耐心，动员好，坚持扎，争取把扎针疗效持续时间慢慢地延长。患者也愿意相信我，能连续扎针十多天、二十多天，甚至一个多月。就这样一直坚持了下来，疗效好的逐渐多了，患者也一个一个变多，我的信心更足了。"

"她就是特别有毅力。我不行，急性子，改不了。"高俊祥指着刘晓君说。

5. 牢记真海师父话，坚持践行内针，三年后村医工作节节高

"那是2017年冬天，一个男的，40多岁，放羊的，距离东龙泉村十五六里地，腰痛得爬不起来床。他妹妹跟我一个村，说我家能扎针，他妹夫每天开车拉他来扎针，一个多月，彻底好了，又能放羊了。他介绍了很多亲戚、同村人来找我扎针。他那个村比我们村大好几倍。因为我们诊所地方小坐不下嘛，她们村人就互相商量着，你上午来，我下午来。这样，病人基本上就每天都有了。

"2018年春节以后，扎针的患者明显多了，平均每天七八个人。2019年，每天都有五六个人。今年（2020年），尤其疫情过后，五六月份开始，每天就一二十个了。现在最多一天有三十几个患者。"

我指着屋里的患者问刘晓君："现在经常来看病的患者是哪里的多？""大部分患者都是外村甚至镇里、县里的。全靠口碑传播。外村的多，本村的最近有三四个，以前都没有。我坚持了两年，我的广告就是我的病人，知道的人多了，整体来说比前两年好多了。"

"这个针法真的好！信心一点点的来呗！"高俊祥接着说。

我问刘晓君："你统计过一年用多少针了吗？"

高俊祥从沙发椅下面拉出来一个大塑料袋，里面二十多个矿泉水瓶，都是满满的用过的针灸针。"一瓶大概八九千根针吧，以前少的时候几个月一瓶，现在人最多时一月两瓶。"刘晓君回答。

用过的针灸针

我又问她："扎针三年多，遇到多少例晕针意外吗？处理中害怕了吗？"

"不害怕，好处理，最多用下真海师父学习班上教的提拉腋下大筋啥的，至今一共没有十个晕针的吧，我学西医出身的，村医室本来就备有地塞米松、肾上腺素啥的，自己都会用，也没有用上过。"

"遇到扎了一段时间效果不太明显的时候动摇过吗？"燕姐接着问。

"没有，我就想，我是一定能帮助到病人的，得病如山倒，治病如抽丝，有的人好得快，有的人好得慢。既然人家来找上门了，我就尽我所能，全力以赴，我是绝不会放弃的，除非患者自己说不治了。"她看着燕姐，目不转睛地说。

旁边帮刘晓君给患者拔针的高俊祥说："现在总有人找我们希望合伙做诊所或者让她（刘晓君）去坐堂出诊，我们没有答应，因为势必要提高诊费，患者未必承受得了，人赚那么多钱干嘛呢？我们现在县城里买了楼房了，也有了小汽车，虽然没积蓄，但是够花就行。与其收费高再去捐赠做慈善，不如干脆少要点，就当是做公益了。捐了也不一定能用到点子上，直接给患者省点，让他能治好病。"

刘晓君常用的针灸登记簿

刘晓君一边在诊室里拾掇针具、整理诊室，一边说："不想那么多了，患者越来越接受扎针，人也越来越多，咱就先干着呗。"

6. 部分刘晓君内针案例（均为现场录像）

访谈一（刘晓君讲述）：2018 年的一天来了一个特殊的病人，40多岁，男的，大医院核磁共振查出来说是小脑下疝，但是没有太好的治疗办法。我这小诊所，从来没遇到过这种病，心里没底，但是我自从学了内针后就觉得不管什么病，治没治过，既然人家来找上门，我只要老老实实认认真真按照师父讲的做我就能帮他缓解，能帮多少我就帮多少。他的症状跟脑梗一样，站不住，头昏，腿软。病人一开始到县医院看，说是脑梗，输液半个月，效果不明显，坚持输液到了一个月，隔了十几天又犯了。去忻州市医院看，说诊断不清楚，又到了省城太原的大医院看，经诊断说是小脑下疝，不过说没有什么好的治法，之前曾经治疗一例，结果也不了了之了。患者刚来的时候情绪很低落，说的话非常消极。我就一边安抚他一边给他治，他也真是能坚持，渐渐地，他的症状一直在改善。第二年春天，我跟他说春天容易发病，继续扎吧，人家也听话，差不多连续扎了一年半，到秋冬的时候就停了，他说一直没有发作了。今年春天，疫情期间，我出门锻炼的时候能遇见他，他整个状态看上去精神稳定多了，气色也很好。

访谈二（刘晓君讲述）：上面这个病人是他哥哥介绍到我这来的，他哥自己来看是因为腿痛，痛得穿不上裤子，有静脉曲张，胃不舒服，咳嗽，头上生了好多疮，全身没有多少好地方。连续扎了一个多月，好了。给他扎针的过程中，连他头上的疮都退了，真是意外的收获，我也没想到，内针竟然连皮肤病都能治得了。

访谈三（病人自述）：郑先生，31 岁，住在五台县县城附近，每次开车来，十来里路。

2019 年因为我妻子考驾照认识了刘晓君，提及自家四岁的孩子发烧十几天了，刘晓君主动说可以给孩子看看。给孩子用简单中医方法看好了后，妻子说自己咳嗽，有七八年了。我家两个男孩，大的十多岁了，妻子生第一个孩子后就开始咳嗽了。同时，她还有严重便秘，严重到有时候十天左右才排便一次。扎针四五天后，效果很好，介绍我去看。我之前常年在外工作，后来发现自己身上没力气，消化不好，便秘，几天便一次，吃过好几年汤药，每年都吃一段时间，有一次连续吃了 100 副。听人说中医疗效慢，得慢慢治，自己也就没有着急。为此四五年花费了四五万块。在刘晓君这里扎针坚持了四个月，今年又扎了三个月，我和爱人现在都停了针灸，疗效依然能够维持。我们夫妻俩扎针灸花了四五千，疗效跟之前吃中药比大不一样。我们陆续介绍了我妈妈、哥哥和其他亲戚，甚至一块儿在广场踢毽子的伙伴们都来扎针。

作者按：郑先生是因为感谢高俊祥一家，接受了我们采访邀请，专门开车过来的。

访谈四（病人自述）：白女士，38 岁。

2020 年夏天，我因为抑郁、心慌等各种不舒服来扎针，最严重的时候自己脑袋清楚但是一动不敢动，失眠很严重。我是断断续续地来，前后扎了不到两个月，失眠好了，其他症状也改善了很多。

刘晓君在一旁说："她来看一次不容易，隔着我们村六十里地呢，现在基本恢复正常了。"

访谈五（病人自述）：石女士，35 岁。

我是今年 7 月 31 日来这里扎针的，我母亲是在 30 号先来看的。我们家距离这里 40 里地，68 岁的母亲左腿热痛难忍，尤其脚痛得厉害，晚上不能睡觉，刘晓君给扎好了，当天就好多了，后来连续扎了一个月。我妈让我来扎针的，我是喝中药生了一脸的痘痘，而且我还头晕，有内热，一开始没想治好啥，试着扎一下。半个月后，我感觉脸上黑斑明显少了，内热也好多了，我相信继续扎还会更好。目前扎快两个月了。

刘晓君说："之前我从没有给人扎针美容过，但是没想到在她身上实现了。呵呵。"高俊祥接着说："脸部改善是意外的收获。用内针经常有意外的收获。"

尾声

要结束采访了，我一边关闭照相机电源，一边对刘晓君说："三年来，你一个内针公益课的旁听生，连结业证都没有，从一位患者都没有，到现在一天一二十位患者，听到患者亲自讲述治病经历，真是让人眼见为实。现在你怎么看自己当年被他（高俊祥）拉着学内针这个事儿？"

"内针救了我全家——输液不让输了，药也卖不掉，咱们（村卫生室）不是关门大吉了？"

刘晓君的卫生室，基本就三块收入，公卫那块归原来的村医，她只能靠卖药和治疗费。原来医保不普及，尤其村里人，打针输液还有一些利润。卫生室办医保的话要投入好几万，不是小数目，她就没办。现如今，无论农村人还是城镇人凭医保卡可以到街上大药房直接刷卡买药了。刘晓君的村卫生室药品种类不全，价格也没有优势。从 2016 年开始，打针输液的越来越少了，而且她也没有上级规定得越来越细致的必要抢救设备等，如果不是 2017 年遇到内针，她的卫生室真的是干不下去了。最开始，扎一次收 5 块，甚至不要钱，后来加到 10 块，再后来 15 块，去年说 15 块还不够越来越高的开支，就收了 20 块。不过也不会再涨了，再多也怕老百姓承受不起。

刘晓君跟高俊祥想着诊室本来就不大，患者一年比一年多，眼见容纳不下了，但是对于扩大和改善诊室环境，他们还是有诸多顾虑的。

这个老院子他们租了十二年，一直没有大动过，正房简单改造过，一分为二成里外屋，外间做卫生室，里屋有个火炕，天冷可以取暖热个饭，两个孩子可以中午回来吃个饭，午睡一会儿。明年他们可能会想办法规整下，比如挪挪越来越卖不动的药架子和药柜啥的。不过他们还是没有大动的想法，虽然这两年内针收入增加了一些，也算稳定，但毕竟房子是租的，不想投入太多。

2017年刘晓君考过了执业助理医师，后来也想再考个执业医师，甚至有机会搬到外面去。但是出去的话扎针费用就得又提高了，心想对老百姓看病不利。她平时看患者困难点的就不收或少收，寺院的师父和居士都不收，所以也狠不下心。高俊祥也想过去省城太原，开个门诊看看，想着对孩子受教育和将来的发展有利。

其实，去年村里花了十来万专门给他们盖了一间新卫生室，位置挺好，在村口，就是我们停车那里，面积也比现在的诊室大了不少。但是，房子是南房（背南面北），当地人一般不住南房的，整天没阳光，天气不好的时候屋里凉，怕落下病，而且没有上下水，没有厕所，屋子底下是个泉眼，以前村里人喝水用的水源，通自来水后弃用了。村里说让他们自己出钱接上采暖，要花一万多块钱，高俊祥没同意，说万一刘晓君哪天不干这个村医了，接暖气片的钱没地方要。所以，刘晓君村医室至今没有搬过去。

高俊祥说："再早以前自己就想，干啥都不要干医，现在的医患关系不好，当护士没有医生操心多，护士动不动又被打了，我就不想让女儿将来像我们一样搞医。但自从我们学了内针，尤其这两年她（刘晓君）越扎越有信心，我们就商量着，是让老大学中医好还是老二好？老二坐得住，学中医；老大活泼，学护理；将来她们仨搞个医院，我给她们做饭，哈哈。肯定先要教会她们扎针，必须教会。本来今年夏天想着两个孩子作业赶紧搞完，给她俩讲讲经络啥的，后来看她们不爱写作业，就往后拖拖吧，自己家孩子，早晚的事儿，等中考完再说。"

　　我们跟高俊祥夫妇道别时，不问不说话的刘晓君罕见地主动说9月2日来扎针的人会很少，因为这天是中元节，当地民俗上很重视，隆重程度仅次于春节，她也准备了一些供品。诊室紧挨着一株大榆树，人说有树神。我抬头看，巨大的树冠，大伞一样遮蔽着房子，真有点像保护神。初秋的微风吹过，树叶与树叶摩擦的婆婆声中似乎飘来两句话，"内针救了我全家""都是老天爷安排的"。

高俊祥、刘晓君、患者白女士、患者郑先生（从左至右）

后记

"燕姐，为什么我们专程去采访村医刘晓君？"这是出发前我最关心的问题。

燕姐说，2017年7月落地的忻州一期乃至代县的连续三期黄帝内针公益培训和义诊带教，是2015年正式启动的"同有三和公益行"项目逐步成熟走向大规模运营的开始，包括去年忻州五市县大型黄帝内针公益行，都是真海师父亲自主讲的。忻州五台县的高俊祥、刘晓君夫妇分别参加了忻州一期和代县一期，转眼三年过去了。

同有三和基金会秘书长解浩然老师上个月担任三和书院四届同有班北京地区面试官，刘晓君爱人高俊祥恰好是其中一轮的五个考生之一，浩然老师就问了他一个问题：你家的村医室现在怎么样？他说去年基本就没有再打针输液了，刘晓君平均一天扎一二十个患者。得知这个情况后，我认为有必要去实地看看他们。兴许将来能帮他们这样珍惜机会、认真践行内针的村医们进一步做些什么。

回来的路上，我又问她："燕姐，这次你见到了刘晓君他们后感觉如何？"

燕姐说："挺好呀，虽然刘晓君人内向点，但是人很实诚，实实在在地用内针技术为老百姓治病，针扎得也挺好，不靠打针、输液，也能干好村医，过好日子。我们今后要多采访报道几个他们这样的村医，如实呈现。"

前面司机老刘说："记得告诉我，我继续给你们当志愿者。"

"以人为镜，可以明得失"——写在后面

2021年11月初，中国中医药出版社刘观涛主任跟我提起，他说想把开展一年余的同有三和·青年中医成长专项调研的"副产品"——采访文章结集出版。对我来说，这是一个既惊又喜的消息。

惊的是，我自忖自己这些文字还不太成熟，如果印刷成白纸黑字的正规出版物，虽然自己曾经做过七年的图书编辑，为不少教授、学者、医生编辑出版过专著，有的也是处女作，但真要轮到自己第一次面对出书的时候，莫名的紧张不请自来。

喜的是，无论最终能否出版，能够得到代表中医出版领域"良心品质"的刘观涛主任青睐，即使经受多少轮的编辑、审稿和校对，能够有机会问世，以不同于方兴未艾的网络媒体的传统内容呈现方式面对读者，对任何作者来说，不啻是一种莫大的鼓励和鞭策。

上述复杂的心情，在当时面临年终总结和新年计划的紧迫

气氛下，变得有些模糊起来。索性我就跟刘主任推脱起来，我跟他说"自己对出书的信心不太够，也不是十分满意。另外，果真出版，这将是出自一贯追求中医教育为本、学术治学严谨的同有三和内部，由一个非执业医师的人所写的，记录并非同有三和体系内医生的成长历程和经验的一本书。"

刘主任说："我理解，你先结集给我再说。"

2021年12月8日，同有三和迎来了十周岁的生日。在《三和·十年》系列征文活动中，多位深受同有三和教育理念和法脉熏染的青年医生撰文讲述自己跟同有三和的故事。从目前已经发表的七篇来看，赵江滨、杨俊基、王婷、左乔建、钱虎、霍云龙、吴心立等每位青年医生的成长背景、教育和行医经历不同，性格、爱好、习惯各异。但是他们每一个人都热爱生命，常怀感恩，勤于思考。我想，他们的成长故事不仅对三和人有触动和启发意义，对更多的三和之外的中医学人同样也有相当的吸引力，适当时机我会进一步采访和记录下来。

2022年元旦已过，辞旧迎新的时刻，我终于鼓起勇气，把已经发表的七篇青年中医采访稿加以汇总。再次重读曾经用了数不清多少个日日夜夜，字斟句酌，冥思苦想的文章后，隐约觉得，在每天排山倒海般涌来眼前的各种各样内容中，这些"青年中医成长之路"系列报道文章，好像并没有"过时"，它们依然对杏林青年学人有一定启发和新意。这让我对结集出版的信心有所恢复。

"读经典，拜明师，上临床"，在我们中医界可谓尽人皆知。记得刘力红老师说过："中医的路有很多条，前提是要知道自己走的是什么路，为什么走？"古语有言："以人为镜，可以明得失。"如果说,《青年中医成长访谈》能够持续有所助益于中医学人的话,可能就是尽量充分挖掘和展示了一个个青年中医人,各自鲜活的所行所为所思所想吧!如是我闻。

本书内容虽然经过多轮修订,作为一位新手作者,必然稚嫩,错误和瑕疵难免,欢迎大家不吝赐教和指正,不胜感激。

最后,

感谢每一位接受采访的青年中医人!

感谢同有三和基金会的包容和支持!

感谢师长同道的抬爱和鼓励!

老才

2022 年 6 月 7 日